개 역 개 정 · 구 약 성 경 쓰 기

16

시편상

복 있는 사람은
악인들의 꾀를 따르지 아니하며
죄인들의 길에 서지 아니하며
오만한 자들의 자리에 앉지 아니하고
오직 여호와의 율법을 즐거워하여
그의 율법을 주야로 묵상하는도다
_시편 1:1~2_

레마북스
Rhema

레마북스 성경쓰기 시리즈 특징

✦ 볼펜, 만년필로 성경쓰기 편한 고급 재질의 종이 사용

[레마북스 구약성경쓰기 시리즈 (16)시편상]은 유성볼펜이나 만년필 사용에 적합하도록 도톰하고 고급스런 광택이 나는 재질의 종이를 사용하였습니다.

✦ 성경쓰기 편하도록 페이지가 완전히 펼쳐지는 180도 고급 제본 사용

[레마북스 구약성경쓰기 시리즈 (16)시편상]은 책을 펼친 중간 부분이 걸리지 않도록 페이지가 완전히 펼쳐지는 180도 고급 제본을 사용하였습니다.

✦ 10여년의 경험을 바탕으로 읽고 쓰기 편안한 글씨체 사용

[레마북스 구약성경쓰기 시리즈 (16)시편상]은 통독을 겸한 필사가 가능하도록 읽고 쓰면서 스트레스 받지 않는 글씨체를 10여년의 실패와 경험을 바탕으로 선정하여 사용하였습니다.

✦ 따라쓸 수 있는 한자(漢字) 병기(併記)로 말씀 묵상의 극대화

[레마북스 구약성경쓰기 시리즈 (16)시편상]은 긍정적이고 따라쓰기 쉬운 한자를 병기하여 깊은 묵상을 극대화하였습니다.

구약성경 통독표

순번	성경목록	장	절	평균통독 시간/분	순번	성경목록	장	절	평균통독 시간/분
1	창세기	50	1,533	203	21	전도서	12	222	31
2	출애굽기	40	1,213	162	22	아가	8	117	16
3	레위기	27	859	115	23	이사야	66	1,292	206
4	민수기	36	1,287	165	24	예레미야	52	1,364	300
5	신명기	34	959	147	25	예레미야애가	5	154	20
6	여호수아	24	658	99	26	에스겔	48	1,273	201
7	사사기	21	618	103	27	다니엘	12	357	62
8	룻기	4	85	14	28	호세아	14	197	30
9	사무엘상	31	810	136	29	요엘	3	73	11
10	사무엘하	24	695	113	30	아모스	9	146	23
11	열왕기상	22	816	128	31	오바댜	1	21	4
12	열왕기하	25	719	121	32	요나	4	48	7
13	역대상	29	942	119	33	미가	7	105	17
14	역대하	36	822	138	34	나훔	3	47	8
15	에스라	10	280	42	35	하박국	3	56	9
16	느헤미야	13	406	61	36	스바냐	3	53	9
17	에스더	10	167	29	37	학개	2	38	6
18	욥기	42	1,070	115	38	스가랴	14	211	33
19	시편	150	2,461	275	39	말라기	4	55	11
20	잠언	31	915	92		합 계	929	23,144	3,381

신약성경 통독표

순번	성경목록	장	절	평균통독 시간/분	순번	성경목록	장	절	평균통독 시간/분
1	마태복음	28	1,071	130	15	디모데전서	6	113	14
2	마가복음	16	678	81	16	디모데후서	4	83	11
3	누가복음	24	1,151	138	17	디도서	3	46	6
4	요한복음	21	879	110	18	빌레몬서	1	25	2
5	사도행전	28	1,007	127	19	히브리서	13	303	41
6	로마서	16	433	58	20	야고보서	5	108	14
7	고린도전서	16	437	57	21	베드로전서	5	105	15
8	고린도후서	13	256	37	22	베드로후서	3	61	9
9	갈라디아서	6	149	19	23	요한1서	5	105	15
10	에베소서	6	155	18	24	요한2서	1	13	2
11	빌립보서	4	104	14	25	요한3서	1	15	2
12	골로새서	4	95	12	26	유다서	1	25	4
13	데살로니가전서	5	89	12	27	요한계시록	22	404	61
14	데살로니가후서	3	47	6		합 계	260	7,957	1,015

구약성경	39권	23,144절	1,006,953문자	352,319단어	평균통독시간	56시간
신약성경	27권	7,957절	315,579문자	110,237단어	평균통독시간	17시간

제일권 창세기편

1 ¹복 있는 사람은 악인들의 꾀를 따르지 아니하며
죄인들의 길에 서지 아니하며
오만한 자들의 자리에 앉지 아니하고

²오직 여호와의 율법을 즐거워하여
그의 율법을 주야(晝夜)로 묵상하는도다

³그는 시냇가에 심은 나무가 철을 따라 열매를 맺으며
그 잎사귀가 마르지 아니함 같으니
그가 하는 모든 일이 다 형통하리로다

⁴악인들은 그렇지 아니함이여
오직 바람에 나는 겨와 같도다

⁵그러므로 악인들은 심판을 견디지 못하며

죄인들이 의인들의 모임에 들지 못하리로다

6 무릇 의인들의 길은 여호와께서 인정하시나
악인들의 길은 망하리로다

2 1 어찌하여 이방 나라들이 분노하며
민족들이 헛된 일을 꾸미는가

2 세상의 군왕들이 나서며 관원들이 서로 꾀하여
여호와와 그의 기름 부음 받은 자를 대적하며

3 우리가 그들의 맨 것을 끊고
그의 결박을 벗어 버리자 하는도다

4 하늘에 계신 이가 웃으심이여
주께서 그들을 비웃으시리로다

5 그 때에 분을 발하며 진노하사

그들을 놀라게 하여 이르시기를

6 내가 나의 왕을 내 거룩한 산 시온에 세웠다 하시리로다

7 내가 여호와의 명령을 전하노라 여호와께서 내게 이르시되
너는 내 아들이라 오늘 내가 너를 낳았도다

8 내게 구하라 내가 이방 나라를 네 유업(遺業)으로 주리니
네 소유가 땅 끝까지 이르리로다

9 네가 철장으로 그들을 깨뜨림이여
질그릇 같이 부수리라 하시도다

10 그런즉 군왕들아 너희는 지혜를 얻으며
세상의 재판관들아 너희는 교훈을 받을지어다

11 여호와를 경외함으로 섬기고 떨며 즐거워할지어다

12 그의 아들에게 입맞추라 그렇지 아니하면 진노하심으로

너희가 길에서 망하리니 그의 진노가 급하심이라
여호와께 피하는 모든 사람은 다 복이 있도다

다윗이 그의 아들 압살롬을 피할 때에 지은 시

3 [1] 여호와여 나의 대적이 어찌 그리 많은지요
일어나 나를 치는 자가 많으니이다

[2] 많은 사람이 나를 대적하여 말하기를
그는 하나님께 구원을 받지 못한다 하나이다 (셀라)

[3] 여호와여 주는 나의 방패시요 나의 영광이시요
나의 머리를 드시는 자이시니이다

[4] 내가 나의 목소리로 여호와께 부르짖으니
그의 성산(聖山)에서 응답하시는도다 (셀라)

[5] 내가 누워 자고 깨었으니 여호와께서 나를 붙드심이로다

⁶천만인이 나를 에워싸 진 친다 하여도
나는 두려워하지 아니하리이다

⁷여호와여 일어나소서
나의 하나님이여 나를 구원하소서

주께서 나의 모든 원수의 뺨을 치시며
악인의 이를 꺾으셨나이다

⁸구원은 여호와께 있사오니
주의 복을 주의 백성에게 내리소서 (셀라)

다윗의 시, 인도자를 따라 현악에 맞춘 노래

4 ¹내 의의 하나님이여 내가 부를 때에 응답하소서
곤란 중에 나를 너그럽게 하셨사오니
내게 은혜를 베푸사 나의 기도를 들으소서

²인생들아 어느 때까지 나의 영광을 바꾸어 욕되게 하며
헛된 일을 좋아하고 거짓을 구하려는가 (셀라)

³여호와께서 자기를 위하여
경건한 자를 택하신 줄 너희가 알지어다
내가 그를 부를 때에 여호와께서 들으시리로다

⁴너희는 떨며 범죄하지 말지어다
자리에 누워 심중(心中)에 말하고 잠잠할지어다 (셀라)

⁵의의 제사를 드리고 여호와를 의지할지어다

⁶여러 사람의 말이 우리에게 선을 보일 자 누구뇨 하오니
여호와여 주의 얼굴을 들어 우리에게 비추소서

⁷주께서 내 마음에 두신 기쁨은
그들의 곡식과 새 포도주가 풍성할 때보다 더하니이다

⁸내가 평안히 눕고 자기도 하리니
나를 안전히 살게 하시는 이는 오직 여호와이시니이다

다윗의 시, 인도자를 따라 관악에 맞춘 노래

5

¹여호와여 나의 말에 귀를 기울이사
나의 심정을 헤아려 주소서

²나의 왕, 나의 하나님이여
내가 부르짖는 소리를 들으소서
내가 주께 기도하나이다

³여호와여 아침에 주께서 나의 소리를 들으시리니
아침에 내가 주께 기도하고 바라리이다

⁴주는 죄악을 기뻐하는 신이 아니시니
악이 주와 함께 머물지 못하며

⁵오만한 자들이 주의 목전에 서지 못하리이다
주는 모든 행악자(行惡者)를 미워하시며

⁶거짓말하는 자들을 멸망시키시리이다
여호와께서는 피 흘리기를 즐기는 자와
속이는 자를 싫어하시나이다

⁷오직 나는 주의 풍성한 사랑을 힘입어 주의 집에 들어가
주를 경외함으로 성전을 향하여 예배하리이다

⁸여호와여 나의 원수들로 말미암아
주의 의로 나를 인도하시고
주의 길을 내 목전에 곧게 하소서

⁹그들의 입에 신실함이 없고 그들의 심중이 심히 악하며
그들의 목구멍은 열린 무덤 같고 그들의 혀로는 아첨하나이다

¹⁰하나님이여 그들을 정죄(定罪)하사 자기 꾀에 빠지게 하시고
그 많은 허물로 말미암아 그들을 쫓아내소서
그들이 주를 배역함이니이다

¹¹그러나 주께 피하는 모든 사람은 다 기뻐하며
주의 보호로 말미암아 영원히 기뻐 외치고
주의 이름을 사랑하는 자들은 주를 즐거워하리이다

¹²여호와여 주는 의인에게 복을 주시고
방패로 함 같이 은혜로 그를 호위하시리이다

다윗의 시, 인도자를 따라 현악 여덟째 줄에 맞춘 노래

6 ¹여호와여 주의 분노로 나를 책망하지 마시오며
주의 진노로 나를 징계하지 마옵소서

²여호와여 내가 수척하였사오니 내게 은혜를 베푸소서

여호와여 나의 뼈가 떨리오니 나를 고치소서

3나의 영혼도 매우 떨리나이다 여호와여 어느 때까지니이까

4여호와여 돌아와 나의 영혼을 건지시며
주의 사랑으로 나를 구원(救援)하소서

5사망 중에서는 주를 기억하는 일이 없사오니
스올에서 주께 감사할 자 누구리이까

6내가 탄식함으로 피곤하여
밤마다 눈물로 내 침상을 띄우며 내 요를 적시나이다

7내 눈이 근심으로 말미암아 쇠하며
내 모든 대적으로 말미암아 어두워졌나이다

8악을 행하는 너희는 다 나를 떠나라
여호와께서 내 울음 소리를 들으셨도다

⁹여호와께서 내 간구를 들으셨음이여
여호와께서 내 기도를 받으시리로다

¹⁰내 모든 원수들이 부끄러움을 당하고 심히 떪이여
갑자기 부끄러워 물러가리로다

다윗의 식가욘, 베냐민인 구시의 말에 따라 여호와께 드린 노래

7

¹여호와 내 하나님이여 내가 주께 피하오니
나를 쫓아오는 모든 자들에게서
나를 구원하여 내소서

²건져낼 자가 없으면 그들이 사자 같이
나를 찢고 뜯을까 하나이다

³여호와 내 하나님이여
내가 이런 일을 행하였거나 내 손에 죄악이 있거나

⁴화친한 자를 악으로 갚았거나
내 대적에게서 까닭 없이 빼앗았거든

⁵원수가 나의 영혼을 쫓아 잡아
내 생명을 땅에 짓밟게 하고
내 영광을 먼지 속에 살게 하소서 (셀라)

⁶여호와여 진노로 일어나사 내 대적들의 노를 막으시며
나를 위하여 깨소서 주께서 심판을 명령하셨나이다

⁷민족들의 모임이 주를 두르게 하시고
그 위 높은 자리에 돌아오소서

⁸여호와께서 만민에게 심판을 행하시오니
여호와여 나의 의와 나의 성실함을 따라 나를 심판하소서

⁹악인의 악을 끊고 의인(義人)을 세우소서

의로우신 하나님이 사람의 마음과 양심을 감찰하시나이다

10나의 방패는 마음이 정직한 자를 구원하시는
하나님께 있도다

11하나님은 의로우신 재판장이심이여
매일 분노하시는 하나님이시로다

12사람이 회개하지 아니하면 그가 그의 칼을 가심이여
그의 활을 이미 당기어 예비하셨도다

13죽일 도구를 또한 예비하심이여
그가 만든 화살은 불화살들이로다

14악인이 죄악을 낳음이여 재앙을 배어 거짓을 낳았도다

15그가 웅덩이를 파 만듦이여 제가 만든 함정에 빠졌도다

16그의 재앙은 자기 머리로 돌아가고

그의 포악은 자기 정수리에 내리리로다

¹⁷내가 여호와께 그의 의를 따라 감사함이여
지존하신 여호와의 이름을 찬양하리로다

다윗의 시, 인도자를 따라 깃딧에 맞춘 노래

8 ¹여호와 우리 주여
주의 이름이 온 땅에 어찌 그리 아름다운지요
주의 영광(榮光)이 하늘을 덮었나이다

²주의 대적으로 말미암아
어린 아이들과 젖먹이들의 입으로 권능을 세우심이여
이는 원수들과 보복자들을 잠잠하게 하려 하심이니이다

³주의 손가락으로 만드신 주의 하늘과
주께서 베풀어 두신 달과 별들을 내가 보오니

⁴사람이 무엇이기에 주께서 그를 생각하시며
인자가 무엇이기에 주께서 그를 돌보시나이까

⁵그를 하나님보다 조금 못하게 하시고
영화와 존귀로 관을 씌우셨나이다

⁶주의 손으로 만드신 것을 다스리게 하시고
만물(萬物)을 그의 발 아래 두셨으니

⁷곧 모든 소와 양과 들짐승이며

⁸공중의 새와 바다의 물고기와 바닷길에 다니는 것이니이다

⁹여호와 우리 주여 주의 이름이 온 땅에
어찌 그리 아름다운지요

다윗의 시, 인도자를 따라 뭇랍벤에 맞춘 노래

9

¹내가 전심으로 여호와께 감사하오며

주의 모든 기이한 일들을 전하리이다

2내가 주를 기뻐하고 즐거워하며
지존하신 주의 이름을 찬송하리니

3내 원수들이 물러갈 때에 주 앞에서 넘어져 망함이니이다

4주께서 나의 의와 송사를 변호하셨으며
보좌에 앉으사 의롭게 심판하셨나이다

5이방 나라들을 책망하시고 악인을 멸하시며
그들의 이름을 영원히 지우셨나이다

6원수가 끊어져 영원히 멸망하였사오니
주께서 무너뜨린 성읍들을 기억할 수 없나이다

7여호와께서 영원히 앉으심이여
심판을 위하여 보좌를 준비하셨도다

⁸공의로 세계를 심판하심이여
정직으로 만민에게 판결을 내리시리로다

⁹여호와는 압제를 당하는 자의 요새이시요
환난 때의 요새이시로다

¹⁰여호와여 주의 이름을 아는 자는 주를 의지하오리니
이는 주를 찾는 자들을 버리지 아니하심이니이다

¹¹너희는 시온에 계신 여호와를 찬송하며
그의 행사(行事)를 백성 중에 선포할지어다

¹²피 흘림을 심문하시는 이가 그들을 기억하심이여
가난한 자의 부르짖음을 잊지 아니하시도다

¹³여호와여 내게 은혜를 베푸소서
나를 사망의 문에서 일으키시는 주여

나를 미워하는 자에게서 받는 나의 고통을 보소서

14 그리하시면 내가 주의 찬송을 다 전할 것이요
딸 시온의 문에서 주의 구원을 기뻐하리이다

15 이방 나라들은 자기가 판 웅덩이에 빠짐이여
자기가 숨긴 그물에 자기 발이 걸렸도다

16 여호와께서 자기를 알게 하사 심판을 행하셨음이여
악인은 자기가 손으로 행한 일에 스스로 얽혔도다
(힉가욘, 셀라)

17 악인들이 스올로 돌아감이여
하나님을 잊어버린 모든 이방 나라들이 그리하리로다

18 궁핍한 자가 항상 잊어버림을 당하지 아니함이여
가난한 자들이 영원히 실망하지 아니하리로다

¹⁹여호와여 일어나사 인생으로 승리를 얻지 못하게 하시며
이방 나라들이 주 앞에서 심판을 받게 하소서

²⁰여호와여 그들을 두렵게 하시며
이방 나라들이 자기는 인생일 뿐인 줄 알게 하소서 (셀라)

10 ¹여호와여 어찌하여 멀리 서시며
어찌하여 환난 때에 숨으시나이까

²악한 자가 교만하여 가련한 자를 심히 압박하오니
그들이 자기가 베푼 꾀에 빠지게 하소서

³악인은 그의 마음의 욕심을 자랑하며
탐욕을 부리는 자는 여호와를 배반하여 멸시하나이다

⁴악인은 그의 교만한 얼굴로 말하기를
여호와께서 이를 감찰하지 아니하신다 하며

그의 모든 사상에 하나님이 없다 하나이다

5 그의 길은 언제든지 견고하고
주의 심판은 높아서 그에게 미치지 못하오니
그는 그의 모든 대적들을 멸시하며

6 그의 마음에 이르기를 나는 흔들리지 아니하며
대대로 환난을 당하지 아니하리라 하나이다

7 그의 입에는 저주와 거짓과 포악이 충만하며
그의 혀 밑에는 잔해와 죄악이 있나이다

8 그가 마을 구석진 곳에 앉으며
그 은밀한 곳에서 무죄한 자를 죽이며
그의 눈은 가련한 자를 엿보나이다

9 사자가 자기의 굴에 엎드림 같이 그가 은밀한 곳에 엎드려

가련한 자를 잡으려고 기다리며
자기 그물을 끌어당겨 가련한 자를 잡나이다

10 그가 구푸려 엎드리니 그의 포악으로 말미암아
가련한 자들이 넘어지나이다

11 그가 그의 마음에 이르기를
하나님이 잊으셨고 그의 얼굴을 가리셨으니
영원히 보지 아니하시리라 하나이다

12 여호와여 일어나옵소서 하나님이여 손을 드옵소서
가난한 자들을 잊지 마옵소서

13 어찌하여 악인이 하나님을 멸시하여 그의 마음에 이르기를
주는 감찰하지 아니하리라 하나이까

14 주께서는 보셨나이다 주는 재앙과 원한을 감찰하시고

주의 손으로 갚으려 하시오니
외로운 자가 주를 의지하나이다
주는 벌써부터 고아를 도우시는 이시니이다

15악인의 팔을 꺾으소서
악한 자의 악을 더 이상 찾아낼 수 없을 때까지 찾으소서

16여호와께서는 영원무궁하도록 왕이시니
이방 나라들이 주의 땅에서 멸망하였나이다

17여호와여 주는 겸손한 자의 소원을 들으셨사오니
그들의 마음을 준비하시며 귀를 기울여 들으시고

18고아와 압제 당하는 자를 위하여 심판하사
세상에 속한 자가 다시는 위협하지 못하게 하시리이다

다윗의 시, 인도자를 따라 부르는 노래

11 ¹내가 여호와께 피하였거늘 너희가 내 영혼에게
새 같이 네 산으로 도망하라 함은 어찌함인가

²악인이 활을 당기고 화살을 시위에 먹임이여
마음이 바른 자를 어두운 데서 쏘려 하는도다

³터가 무너지면 의인이 무엇을 하랴

⁴여호와께서는 그의 성전에 계시고
여호와의 보좌는 하늘에 있음이여

그의 눈이 인생을 통촉하시고
그의 안목이 그들을 감찰하시도다

⁵여호와는 의인을 감찰하시고
악인과 폭력을 좋아하는 자를 마음에 미워하시도다

⁶악인에게 그물을 던지시리니 불과 유황과 태우는 바람이

그들의 잔의 소득이 되리로다

⁷여호와는 의로우사 의로운 일을 좋아하시나니
정직한 자는 그의 얼굴을 뵈오리로다

다윗의 시, 인도자를 따라 여덟째 줄에 맞춘 노래

12 ¹여호와여 도우소서 경건한 자가 끊어지며
충실한 자들이 인생 중에 없어지나이다

²그들이 이웃에게 각기 거짓을 말함이여
아첨하는 입술과 두 마음으로 말하는도다

³여호와께서 모든 아첨하는 입술과 자랑하는 혀를 끊으시리니

⁴그들이 말하기를 우리의 혀가 이기리라
우리 입술은 우리 것이니
우리를 주관할 자 누구리요 함이로다

⁵여호와의 말씀에 가련한 자들의 눌림과
궁핍한 자들의 탄식으로 말미암아 내가 이제 일어나
그를 그가 원하는 안전한 지대에 두리라 하시도다

⁶여호와의 말씀은 순결함이여
흙 도가니에 일곱 번 단련한 은 같도다

⁷여호와여 그들을 지키사
이 세대로부터 영원까지 보존하시리이다

⁸비열함이 인생 중에 높임을 받는 때에
악인들이 곳곳에서 날뛰는도다

다윗의 시, 인도자를 따라 부르는 노래

13

¹여호와여 어느 때까지니이까 나를 영원히 잊으시나이까
주의 얼굴을 나에게서 어느 때까지 숨기시겠나이까

²나의 영혼이 번민하고 종일토록 마음에 근심하기를
어느 때까지 하오며 내 원수가 나를 치며 자랑하기를
어느 때까지 하리이까

³여호와 내 하나님이여
나를 생각하사 응답하시고 나의 눈을 밝히소서
두렵건대 내가 사망(死亡)의 잠을 잘까 하오며

⁴두렵건대 나의 원수가 이르기를
내가 그를 이겼다 할까 하오며
내가 흔들릴 때에 나의 대적들이 기뻐할까 하나이다

⁵나는 오직 주의 사랑을 의지하였사오니
나의 마음은 주의 구원을 기뻐하리이다

⁶내가 여호와를 찬송하리니

이는 주께서 내게 은덕을 베푸심이로다

다윗의 시, 인도자를 따라 부르는 노래

14

[1]어리석은 자는 그의 마음에 이르기를
하나님이 없다 하는도다

그들은 부패하고 그 행실이 가증하니
선을 행하는 자가 없도다

[2]여호와께서 하늘에서 인생을 굽어살피사
지각이 있어 하나님을 찾는 자가 있는가 보려 하신즉

[3]다 치우쳐 함께 더러운 자가 되고
선을 행하는 자가 없으니 하나도 없도다

[4]죄악을 행하는 자는 다 무지하냐
그들이 떡 먹듯이 내 백성을 먹으면서

여호와를 부르지 아니하는도다

⁵ 그러나 거기서 그들은 두려워하고 두려워하였으니
하나님이 의인의 세대에 계심이로다

⁶ 너희가 가난한 자의 계획을 부끄럽게 하나
오직 여호와는 그의 피난처가 되시도다

⁷ 이스라엘의 구원이 시온에서 나오기를 원하도다
여호와께서 그의 백성을 포로된 곳에서 돌이키실 때에
야곱이 즐거워하고 이스라엘이 기뻐하리로다

다윗의 시

15

¹ 여호와여 주의 장막에 머무를 자 누구오며
주의 성산에 사는 자 누구오니이까

² 정직하게 행하며 공의를 실천하며

그의 마음에 진실을 말하며

3 그의 혀로 남을 허물하지 아니하고
그의 이웃에게 악을 행하지 아니하며
그의 이웃을 비방하지 아니하며

4 그의 눈은 망령된 자를 멸시하며
여호와를 두려워하는 자들을 존대하며
그의 마음에 서원한 것은 해로울지라도 변하지 아니하며

5 이자를 받으려고 돈을 꾸어 주지 아니하며
뇌물을 받고 무죄한 자를 해하지 아니하는 자이니
이런 일을 행하는 자는 영원히 흔들리지 아니하리이다

다윗의 믹담

16

1 하나님이여 나를 지켜 주소서 내가 주께 피하나이다

²내가 여호와께 아뢰되 주는 나의 주님이시오니
주 밖에는 나의 복이 없다 하였나이다

³땅에 있는 성도들은 존귀한 자들이니
나의 모든 즐거움이 그들에게 있도다

⁴다른 신에게 예물을 드리는 자는 괴로움이 더할 것이라
나는 그들이 드리는 피의 전제를 드리지 아니하며
내 입술로 그 이름도 부르지 아니하리로다

⁵여호와는 나의 산업과 나의 잔의 소득이시니
나의 분깃을 지키시나이다

⁶내게 줄로 재어 준 구역은 아름다운 곳에 있음이여
나의 기업(基業)이 실로 아름답도다

⁷나를 훈계하신 여호와를 송축할지라

밤마다 내 양심이 나를 교훈하도다

8내가 여호와를 항상 내 앞에 모심이여
그가 나의 오른쪽에 계시므로 내가 흔들리지 아니하리로다

9이러므로 나의 마음이 기쁘고 나의 영도 즐거워하며
내 육체도 안전히 살리니

10이는 주께서 내 영혼을 스올에 버리지 아니하시며
주의 거룩한 자를 멸망시키지 않으실 것임이니이다

11주께서 생명(生命)의 길을 내게 보이시리니
주의 앞에는 충만(充滿)한 기쁨이 있고
주의 오른쪽에는 영원한 즐거움이 있나이다

다윗의 기도

17

1여호와여 의의 호소를 들으소서

나의 울부짖음에 주의하소서
거짓 되지 아니한 입술에서 나오는
나의 기도에 귀를 기울이소서

2 주께서 나를 판단하시며 주의 눈으로 공평함을 살피소서

3 주께서 내 마음을 시험하시고 밤에 내게 오시어서
나를 감찰하셨으나 흠을 찾지 못하셨사오니
내가 결심하고 입으로 범죄하지 아니하리이다

4 사람의 행사로 논하면 나는 주의 입술의 말씀을 따라
스스로 삼가서 포악한 자의 길을 가지 아니하였사오며

5 나의 걸음이 주의 길을 굳게 지키고
실족하지 아니하였나이다

6 하나님이여 내게 응답(應答)하시겠으므로 내가 불렀사오니

내게 귀를 기울여 내 말을 들으소서

7 주께 피하는 자들을 그 일어나 치는 자들에게서
오른손으로 구원하시는 주여
주의 기이한 사랑을 나타내소서

8 나를 눈동자 같이 지키시고
주의 날개 그늘 아래에 감추사

9 내 앞에서 나를 압제하는 악인들과
나의 목숨을 노리는 원수들에게서 벗어나게 하소서

10 그들의 마음은 기름에 잠겼으며
그들의 입은 교만하게 말하나이다

11 이제 우리가 걸어가는 것을 그들이 에워싸서 노려보고
땅에 넘어뜨리려 하나이다

¹²그는 그 움킨 것을 찢으려 하는 사자 같으며
은밀한 곳에 엎드린 젊은 사자 같으니이다

¹³여호와여 일어나 그를 대항하여 넘어뜨리시고
주의 칼로 악인에게서 나의 영혼을 구원하소서

¹⁴여호와여 이 세상에 살아 있는 동안
그들의 분깃을 받은 사람들에게서
주의 손으로 나를 구하소서

그들은 주의 재물로 배를 채우고 자녀로 만족하고
그들의 남은 산업을 그들의 어린 아이들에게
물려 주는 자니이다

¹⁵나는 의로운 중에 주의 얼굴을 뵈오리니
깰 때에 주의 형상으로 만족하리이다

여호와의 종 다윗의 시, 인도자를 따라 부르는 노래,
여호와께서 다윗을 그 모든 원수들의 손에서와 사울의 손에서 건져 주신 날에
다윗이 이 노래의 말로 여호와께 아뢰어 이르되

18

1 나의 힘이신 여호와여 내가 주를 사랑하나이다

2 여호와는 나의 반석이시요 나의 요새시요
나를 건지시는 이시요 나의 하나님이시요

내가 그 안에 피할 나의 바위시요 나의 방패시요
나의 구원의 뿔이시요 나의 산성이시로다

3 내가 찬송 받으실 여호와께 아뢰리니
내 원수들에게서 구원을 얻으리로다

4 사망의 줄이 나를 얽고
불의의 창수가 나를 두렵게 하였으며

5 스올의 줄이 나를 두르고 사망의 올무가 내게 이르렀도다

6 내가 환난 중에서 여호와께 아뢰며

나의 하나님께 부르짖었더니
그가 그의 성전에서 내 소리를 들으심이여
그의 앞에서 나의 부르짖음이 그의 귀에 들렸도다

7 이에 땅이 진동하고 산들의 터도 요동하였으니
그의 진노로 말미암음이로다

8 그의 코에서 연기가 오르고 입에서 불이 나와 사름이여
그 불에 숯이 피었도다

9 그가 또 하늘을 드리우시고 강림하시니
그의 발 아래는 어두캄캄하도다

10 그룹을 타고 다니심이여
바람 날개를 타고 높이 솟아오르셨도다

11 그가 흑암을 그의 숨는 곳으로 삼으사

장막 같이 자기를 두르게 하심이여
곧 물의 흑암과 공중의 빽빽한 구름으로 그리하시도다

12 그 앞에 광채(光彩)로 말미암아 빽빽한 구름이 지나며
우박과 숯불이 내리도다

13 여호와께서 하늘에서 우렛소리를 내시고
지존하신 이가 음성을 내시며 우박과 숯불을 내리시도다

14 그의 화살을 날려 그들을 흩으심이여
많은 번개로 그들을 깨뜨리셨도다

15 이럴 때에 여호와의 꾸지람과 콧김으로 말미암아
물 밑이 드러나고 세상의 터가 나타났도다

16 그가 높은 곳에서 손을 펴사 나를 붙잡아 주심이여
많은 물에서 나를 건져내셨도다

¹⁷나를 강한 원수와 미워하는 자에게서 건지셨음이여
그들은 나보다 힘이 세기 때문이로다

¹⁸그들이 나의 재앙의 날에 내게 이르렀으나
여호와께서 나의 의지가 되셨도다

¹⁹나를 넓은 곳으로 인도하시고
나를 기뻐하시므로 나를 구원하셨도다

²⁰여호와께서 내 의를 따라 상 주시며
내 손의 깨끗함을 따라 내게 갚으셨으니

²¹이는 내가 여호와의 도를 지키고
악하게 내 하나님을 떠나지 아니하였으며

²²그의 모든 규례가 내 앞에 있고
내게서 그의 율례를 버리지 아니하였음이로다

23 또한 나는 그의 앞에 완전하여
나의 죄악에서 스스로 자신을 지켰나니

24 그러므로 여호와께서 내 의를 따라 갚으시되
그의 목전에서 내 손이 깨끗한 만큼 내게 갚으셨도다

25 자비로운 자에게는 주의 자비로우심을 나타내시며
완전한 자에게는 주의 완전하심을 보이시며

26 깨끗한 자에게는 주의 깨끗하심을 보이시며
사악한 자에게는 주의 거스르심을 보이시리니

27 주께서 곤고한 백성은 구원하시고
교만한 눈은 낮추시리이다

28 주께서 나의 등불을 켜심이여
여호와 내 하나님이 내 흑암을 밝히시리이다

²⁹내가 주를 의뢰하고 적군을 향해 달리며
　내 하나님을 의지하고 담을 뛰어넘나이다

³⁰하나님의 도는 완전(完全)하고 여호와의 말씀은 순수하니
　그는 자기에게 피하는 모든 자의 방패시로다

³¹여호와 외에 누가 하나님이며
　우리 하나님 외에 누가 반석이냐

³²이 하나님이 힘으로 내게 띠 띠우시며
　내 길을 완전하게 하시며

³³나의 발을 암사슴 발 같게 하시며
　나를 나의 높은 곳에 세우시며

³⁴내 손을 가르쳐 싸우게 하시니
　내 팔이 놋 활을 당기도다

35또 주께서 주의 구원하는 방패를 내게 주시며
주의 오른손이 나를 붙들고
주의 온유(溫柔)함이 나를 크게 하셨나이다

36내 걸음을 넓게 하셨고 나를 실족하지 않게 하셨나이다

37내가 내 원수를 뒤쫓아가리니
그들이 망하기 전에는 돌아서지 아니하리이다

38내가 그들을 쳐서 능히 일어나지 못하게 하리니
그들이 내 발 아래에 엎드러지리이다

39주께서 나를 전쟁하게 하려고 능력으로 내게 띠 띠우사
일어나 나를 치는 자들이 내게 굴복하게 하셨나이다

40또 주께서 내 원수들에게 등을 내게로 향하게 하시고
나를 미워하는 자들을 내가 끊어 버리게 하셨나이다

⁴¹그들이 부르짖으나 구원할 자가 없었고
여호와께 부르짖어도 그들에게 대답하지 아니하셨나이다

⁴²내가 그들을 바람 앞에 티끌 같이 부서뜨리고
거리의 진흙 같이 쏟아 버렸나이다

⁴³주께서 나를 백성의 다툼에서 건지시고
여러 민족의 으뜸으로 삼으셨으니
내가 알지 못하는 백성이 나를 섬기리이다

⁴⁴그들이 내 소문을 들은 즉시로 내게 청종함이여
이방인들이 내게 복종하리로다

⁴⁵이방 자손들이 쇠잔하여
그 견고한 곳에서 떨며 나오리로다

⁴⁶여호와는 살아 계시니 나의 반석을 찬송하며

내 구원의 하나님을 높일지로다

⁴⁷이 하나님이 나를 위하여 보복해 주시고
민족들이 내게 복종하게 해 주시도다

⁴⁸주께서 나를 내 원수들에게서 구조하시니
주께서 나를 대적하는 자들의 위에 나를 높이 드시고
나를 포악한 자에게서 건지시나이다

⁴⁹여호와여 이러므로 내가 이방 나라들 중에서
주께 감사하며 주의 이름을 찬송하리이다

⁵⁰여호와께서 그 왕에게 큰 구원을 주시며
기름 부음 받은 자에게 인자를 베푸심이여
영원토록 다윗과 그 후손에게로다

다윗의 시, 인도자를 따라 부르는 노래

19 ¹하늘이 하나님의 영광을 선포하고
궁창이 그의 손으로 하신 일을 나타내는도다

²날은 날에게 말하고 밤은 밤에게 지식을 전하니

³언어도 없고 말씀도 없으며 들리는 소리도 없으나

⁴그의 소리가 온 땅에 통하고
그의 말씀이 세상 끝까지 이르도다
하나님이 해를 위하여 하늘에 장막을 베푸셨도다

⁵해는 그의 신방에서 나오는 신랑과 같고
그의 길을 달리기 기뻐하는 장사 같아서

⁶하늘 이 끝에서 나와서 하늘 저 끝까지 운행(運行)함이여
그의 열기(熱氣)에서 피할 자가 없도다

⁷여호와의 율법은 완전하여 영혼을 소성시키며

여호와의 증거는 확실하여 우둔한 자를 지혜롭게 하며

⁸여호와의 교훈은 정직하여 마음을 기쁘게 하고
여호와의 계명은 순결하여 눈을 밝게 하시도다

⁹여호와를 경외하는 도는 정결하여 영원까지 이르고
여호와의 법도 진실하여 다 의로우니

¹⁰금 곧 많은 순금보다 더 사모할 것이며
꿀과 송이꿀보다 더 달도다

¹¹또 주의 종이 이것으로 경고를 받고
이것을 지킴으로 상이 크니이다

¹²자기 허물을 능히 깨달을 자 누구리요
나를 숨은 허물에서 벗어나게 하소서

¹³또 주의 종에게 고의로 죄를 짓지 말게 하사

그 죄가 나를 주장하지 못하게 하소서
그리하면 내가 정직하여 큰 죄과에서 벗어나겠나이다

---

¹⁴나의 반석이시요 나의 구속자이신 여호와여
내 입의 말과 마음의 묵상이
주님 앞에 열납되기를 원하나이다

다윗의 시, 인도자를 따라 부르는 노래

20 ¹환난 날에 여호와께서 네게 응답하시고
야곱의 하나님의 이름이 너를 높이 드시며

---

²성소에서 너를 도와 주시고 시온에서 너를 붙드시며

---

³네 모든 소제(素祭)를 기억하시며
네 번제를 받아 주시기를 원하노라 (셀라)

---

⁴네 마음의 소원대로 허락하시고

네 모든 계획을 이루어 주시기를 원하노라

5우리가 너의 승리로 말미암아 개가를 부르며
우리 하나님의 이름으로 우리의 깃발을 세우리니
여호와께서 네 모든 기도를 이루어 주시기를 원하노라

6여호와께서 자기에게 기름 부음 받은 자를
구원하시는 줄 이제 내가 아노니

그의 오른손의 구원하는 힘으로
그의 거룩한 하늘에서 그에게 응답하시리로다

7어떤 사람은 병거, 어떤 사람은 말을 의지하나
우리는 여호와 우리 하나님의 이름을 자랑하리로다

8그들은 비틀거리며 엎드러지고 우리는 일어나 바로 서도다

9여호와여 왕을 구원하소서

우리가 부를 때에 우리에게 응답하소서

다윗의 시, 인도자를 따라 부르는 노래

21 ¹여호와여 왕이 주의 힘으로 말미암아 기뻐하며
주의 구원으로 말미암아 크게 즐거워하리이다

²그의 마음의 소원을 들어 주셨으며
그의 입술의 요구를 거절하지 아니하셨나이다 (셀라)

³주의 아름다운 복으로 그를 영접하시고
순금 관을 그의 머리에 씌우셨나이다

⁴그가 생명을 구하매 주께서 그에게 주셨으니
곧 영원한 장수로소이다

⁵주의 구원이 그의 영광을 크게 하시고
존귀와 위엄을 그에게 입히시나이다

⁶그가 영원토록 지극한 복을 받게 하시며
주 앞에서 기쁘고 즐겁게 하시나이다

⁷왕이 여호와를 의지하오니
지존하신 이의 인자함으로 흔들리지 아니하리이다

⁸왕의 손이 왕의 모든 원수들을 찾아냄이여
왕의 오른손이 왕을 미워하는 자들을 찾아내리로다

⁹왕이 노하실 때에 그들을 풀무불 같게 할 것이라
여호와께서 진노하사 그들을 삼키시리니
불이 그들을 소멸하리로다

¹⁰왕이 그들의 후손을 땅에서 멸함이여
그들의 자손(子孫)을 사람 중에서 끊으리로다

¹¹비록 그들이 왕을 해하려 하여 음모를 꾸몄으나

이루지 못하도다

^{12}왕이 그들로 돌아서게 함이여
그들의 얼굴을 향하여 활시위를 당기리로다

^{13}여호와여 주의 능력으로 높임을 받으소서
우리가 주의 권능을 노래하고 찬송하게 하소서

다윗의 시, 인도자를 따라 아앨렛샤할에 맞춘 노래

22

^{1}내 하나님이여 내 하나님이여 어찌 나를 버리셨나이까
어찌 나를 멀리 하여 돕지 아니하시오며
내 신음 소리를 듣지 아니하시나이까

^{2}내 하나님이여 내가 낮에도 부르짖고
밤에도 잠잠하지 아니하오나 응답하지 아니하시나이다

^{3}이스라엘의 찬송 중에 계시는 주여 주는 거룩하시니이다

4 우리 조상들이 주께 의뢰하고 의뢰하였으므로
그들을 건지셨나이다

5 그들이 주께 부르짖어 구원을 얻고
주께 의뢰하여 수치를 당하지 아니하였나이다

6 나는 벌레요 사람이 아니라
사람의 비방거리요 백성의 조롱거리니이다

7 나를 보는 자는 다 나를 비웃으며
입술을 비쭉거리고 머리를 흔들며 말하되

8 그가 여호와께 의탁(依託)하니 구원하실 걸,
그를 기뻐하시니 건지실 걸 하나이다

9 오직 주께서 나를 모태에서 나오게 하시고
내 어머니의 젖을 먹을 때에 의지하게 하셨나이다

¹⁰내가 날 때부터 주께 맡긴 바 되었고
모태에서 나올 때부터 주는 나의 하나님이 되셨나이다

¹¹나를 멀리 하지 마옵소서
환난이 가까우나 도울 자 없나이다

¹²많은 황소가 나를 에워싸며
바산의 힘센 소들이 나를 둘러쌌으며

¹³내게 그 입을 벌림이 찢으며 부르짖는 사자 같으니이다

¹⁴나는 물 같이 쏟아졌으며 내 모든 뼈는 어그러졌으며
내 마음은 밀랍 같아서 내 속에서 녹았으며

¹⁵내 힘이 말라 질그릇 조각 같고
내 혀가 입천장에 붙었나이다
주께서 또 나를 죽음의 진토 속에 두셨나이다

¹⁶개들이 나를 에워쌌으며 악한 무리가 나를 둘러
내 수족(手足)을 찔렀나이다

¹⁷내가 내 모든 뼈를 셀 수 있나이다
그들이 나를 주목하여 보고

¹⁸내 겉옷을 나누며 속옷을 제비 뽑나이다

¹⁹여호와여 멀리 하지 마옵소서
나의 힘이시여 속히 나를 도우소서

²⁰내 생명을 칼에서 건지시며
내 유일한 것을 개의 세력에서 구하소서

²¹나를 사자의 입에서 구하소서
주께서 내게 응답하시고 들소의 뿔에서 구원하셨나이다

²²내가 주의 이름을 형제에게 선포하고

회중 가운데에서 주를 찬송하리이다

---

²³여호와를 두려워하는 너희여 그를 찬송할지어다
야곱의 모든 자손이여 그에게 영광을 돌릴지어다
너희 이스라엘 모든 자손이여 그를 경외할지어다

---

²⁴그는 곤고한 자의 곤고를 멸시하거나 싫어하지 아니하시며
그의 얼굴을 그에게서 숨기지 아니하시고
그가 울부짖을 때에 들으셨도다

---

²⁵큰 회중 가운데에서 나의 찬송은 주께로부터 온 것이니
주를 경외하는 자 앞에서 나의 서원을 갚으리이다

---

²⁶겸손한 자는 먹고 배부를 것이며
여호와를 찾는 자는 그를 찬송할 것이라
너희 마음은 영원히 살지어다

---

²⁷땅의 모든 끝이 여호와를 기억하고 돌아오며
모든 나라의 모든 족속이 주의 앞에 예배하리니

²⁸나라는 여호와의 것이요
여호와는 모든 나라의 주재심이로다

²⁹세상의 모든 풍성한 자가 먹고 경배할 것이요
진토 속으로 내려가는 자

곧 자기 영혼을 살리지 못할 자도
다 그 앞에 절하리로다

³⁰후손이 그를 섬길 것이요 대대에 주를 전할 것이며

³¹와서 그의 공의를 태어날 백성에게 전함이여
주께서 이를 행하셨다 할 것이로다

다윗의 시

23

[1] 여호와는 나의 목자시니 내게 부족함이 없으리로다

[2] 그가 나를 푸른 풀밭에 누이시며
쉴 만한 물 가로 인도하시는도다

[3] 내 영혼을 소생시키시고
자기 이름을 위하여 의의 길로 인도하시는도다

[4] 내가 사망의 음침한 골짜기로 다닐지라도
해를 두려워하지 않을 것은 주께서 나와 함께 하심이라
주의 지팡이와 막대기가 나를 안위하시나이다

[5] 주께서 내 원수의 목전에서 내게 상을 차려 주시고
기름을 내 머리에 부으셨으니 내 잔(盞)이 넘치나이다

[6] 내 평생에 선하심과 인자하심이 반드시 나를 따르리니
내가 여호와의 집에 영원히 살리로다

다윗의 시

24

[1] 땅과 거기에 충만한 것과
세계와 그 가운데에 사는 자들은
다 여호와의 것이로다

[2] 여호와께서 그 터를 바다 위에 세우심이여
강들 위에 건설하셨도다

[3] 여호와의 산에 오를 자가 누구며
그의 거룩한 곳에 설 자가 누구인가

[4] 곧 손이 깨끗하며 마음이 청결하며
뜻을 허탄한 데에 두지 아니하며
거짓 맹세하지 아니하는 자로다

[5] 그는 여호와께 복을 받고 구원의 하나님께 의를 얻으리니

⁶이는 여호와를 찾는 족속이요
야곱의 하나님의 얼굴을 구하는 자로다 (셀라)

⁷문들아 너희 머리를 들지어다 영원한 문들아 들릴지어다
영광의 왕이 들어가시리로다

⁸영광의 왕이 누구시냐 강하고 능한 여호와시요
전쟁에 능한 여호와시로다

⁹문들아 너희 머리를 들지어다 영원한 문들아 들릴지어다
영광의 왕이 들어가시리로다

¹⁰영광의 왕이 누구시냐
만군의 여호와께서 곧 영광의 왕이시로다 (셀라)

다윗의 시

25

¹여호와여 나의 영혼이 주를 우러러보나이다

2나의 하나님이여 내가 주께 의지하였사오니
나를 부끄럽지 않게 하시고

나의 원수들이 나를 이겨
개가를 부르지 못하게 하소서

3주를 바라는 자들은 수치를 당하지 아니하려니와
까닭 없이 속이는 자들은 수치를 당하리이다

4여호와여 주의 도를 내게 보이시고
주의 길을 내게 가르치소서

5주의 진리로 나를 지도하시고 교훈하소서
주는 내 구원의 하나님이시니 내가 종일 주를 기다리나이다

6여호와여 주의 긍휼하심과 인자하심이 영원부터 있었사오니
주여 이것들을 기억하옵소서

7여호와여 내 젊은 시절의 죄와 허물을 기억하지 마시고
주의 인자하심을 따라 주께서 나를 기억하시되
주의 선하심으로 하옵소서

8여호와는 선하시고 정직하시니
그러므로 그의 도(道)로 죄인들을 교훈하시리로다

9온유한 자를 정의로 지도하심이여
온유한 자에게 그의 도를 가르치시리로다

10여호와의 모든 길은 그의 언약과 증거를 지키는 자에게
인자와 진리로다

11여호와여 나의 죄악이 크오니
주의 이름으로 말미암아 사하소서

12여호와를 경외하는 자 누구냐

그가 택할 길을 그에게 가르치시리로다

13 그의 영혼은 평안히 살고 그의 자손은 땅을 상속하리로다

14 여호와의 친밀하심이 그를 경외하는 자들에게 있음이여
그의 언약을 그들에게 보이시리로다

15 내 눈이 항상 여호와를 바라봄은
내 발을 그물에서 벗어나게 하실 것임이로다

16 주여 나는 외롭고 괴로우니
내게 돌이키사 나에게 은혜를 베푸소서

17 내 마음의 근심이 많사오니 나를 고난에서 끌어내소서

18 나의 곤고(困苦)와 환난을 보시고 내 모든 죄를 사하소서

19 내 원수를 보소서
그들의 수가 많고 나를 심히 미워하나이다

²⁰내 영혼을 지켜 나를 구원하소서
내가 주께 피하오니 수치를 당하지 않게 하소서

²¹내가 주를 바라오니 성실과 정직으로 나를 보호하소서

²²하나님이여 이스라엘을 그 모든 환난에서 속량하소서

다윗의 시

26

¹내가 나의 완전함에 행하였사오며
흔들리지 아니하고 여호와를 의지하였사오니
여호와여 나를 판단하소서

²여호와여 나를 살피시고 시험하사
내 뜻과 내 양심을 단련하소서

³주의 인자하심이 내 목전에 있나이다
내가 주의 진리 중에 행하여

⁴허망한 사람과 같이 앉지 아니하였사오니
간사한 자와 동행하지도 아니하리이다

⁵내가 행악자의 집회를 미워하오니
악한 자와 같이 앉지 아니하리이다

⁶여호와여 내가 무죄하므로 손을 씻고
주의 제단에 두루 다니며

⁷감사의 소리를 들려 주고
주의 기이한 모든 일을 말하리이다

⁸여호와여 내가 주께서 계신 집과
주의 영광이 머무는 곳을 사랑하오니

⁹내 영혼을 죄인과 함께,
내 생명을 살인자와 함께 거두지 마소서

¹⁰그들의 손에 사악함이 있고
그들의 오른손에 뇌물이 가득하오나

¹¹나는 나의 완전함에 행하오리니
나를 속량하시고 내게 은혜를 베푸소서

¹²내 발이 평탄한 데에 섰사오니
무리 가운데에서 여호와를 송축하리이다

다윗의 시

27

¹여호와는 나의 빛이요 나의 구원이시니
내가 누구를 두려워하리요

여호와는 내 생명의 능력이시니
내가 누구를 무서워하리요

²악인들이 내 살을 먹으려고 내게로 왔으나

나의 대적들, 나의 원수들인 그들은 실족하여 넘어졌도다

³군대가 나를 대적하여 진 칠지라도
내 마음이 두렵지 아니하며

전쟁이 일어나 나를 치려 할지라도
나는 여전히 태연(泰然)하리로다

⁴내가 여호와께 바라는 한 가지 일 그것을 구하리니
곧 내가 내 평생에 여호와의 집에 살면서

여호와의 아름다움을 바라보며
그의 성전에서 사모하는 그것이라

⁵여호와께서 환난 날에 나를
그의 초막(草幕) 속에 비밀히 지키시고
그의 장막 은밀한 곳에 나를 숨기시며

높은 바위 위에 두시리로다

6 이제 내 머리가 나를 둘러싼 내 원수 위에 들리리니
내가 그의 장막에서 즐거운 제사를 드리겠고
노래하며 여호와를 찬송하리로다

7 여호와여 내가 소리 내어 부르짖을 때에 들으시고
또한 나를 긍휼히 여기사 응답하소서

8 너희는 내 얼굴을 찾으라 하실 때에
내가 마음으로 주께 말하되
여호와여 내가 주의 얼굴을 찾으리이다 하였나이다

9 주의 얼굴을 내게서 숨기지 마시고
주의 종을 노하여 버리지 마소서
주는 나의 도움이 되셨나이다

나의 구원의 하나님이시여
나를 버리지 마시고 떠나지 마소서

¹⁰내 부모는 나를 버렸으나 여호와는 나를 영접하시리이다

¹¹여호와여 주의 도를 내게 가르치시고
내 원수를 생각하셔서 평탄(平坦)한 길로 나를 인도하소서

¹²내 생명을 내 대적에게 맡기지 마소서
위증자와 악을 토하는 자가 일어나 나를 치려 함이니이다

¹³내가 산 자들의 땅에서
여호와의 선하심을 보게 될 줄 확실히 믿었도다

¹⁴너는 여호와를 기다릴지어다
강하고 담대하며 여호와를 기다릴지어다

다윗의 시

28

[1] 여호와여 내가 주께 부르짖으오니
나의 반석이여 내게 귀를 막지 마소서

주께서 내게 잠잠하시면
내가 무덤에 내려가는 자와 같을까 하나이다

[2] 내가 주의 지성소를 향하여 나의 손을 들고
주께 부르짖을 때에 나의 간구하는 소리를 들으소서

[3] 악인과 악을 행하는 자들과 함께 나를 끌어내지 마옵소서
그들은 그 이웃에게 화평을 말하나
그들의 마음에는 악독이 있나이다

[4] 그들이 하는 일과 그들의 행위가 악한 대로 갚으시며
그들의 손이 지은 대로 그들에게 갚아
그 마땅히 받을 것으로 그들에게 갚으소서

5 그들은 여호와께서 행하신 일과
손으로 지으신 것을 생각하지 아니하므로
여호와께서 그들을 파괴하고 건설하지 아니하시리로다

6 여호와를 찬송함이여 내 간구하는 소리를 들으심이로다

7 여호와는 나의 힘과 나의 방패이시니
내 마음이 그를 의지하여 도움을 얻었도다

그러므로 내 마음이 크게 기뻐하며
내 노래로 그를 찬송하리로다

8 여호와는 그들의 힘이시요
그의 기름 부음 받은 자의 구원의 요새이시로다

9 주의 백성을 구원하시며 주의 산업에 복을 주시고
또 그들의 목자가 되시어 영원토록 그들을 인도하소서

다윗의 시

29

¹너희 권능 있는 자들아
영광과 능력을 여호와께 돌리고 돌릴지어다

²여호와께 그의 이름에 합당(合當)한 영광을 돌리며
거룩한 옷을 입고 여호와께 예배할지어다

³여호와의 소리가 물 위에 있도다
영광의 하나님이 우렛소리를 내시니
여호와는 많은 물 위에 계시도다

⁴여호와의 소리가 힘 있음이여 여호와의 소리가 위엄차도다

⁵여호와의 소리가 백향목(柏香木)을 꺾으심이여
여호와께서 레바논 백향목을 꺾어 부수시도다

⁶그 나무를 송아지 같이 뛰게 하심이여

레바논과 시룐으로 들송아지 같이 뛰게 하시도다

7여호와의 소리가 화염을 가르시도다

8여호와의 소리가 광야를 진동하심이여
여호와께서 가데스 광야를 진동시키시도다

9여호와의 소리가 암사슴을 낙태하게 하시고
삼림을 말갛게 벗기시니

그의 성전에서 그의 모든 것들이 말하기를
영광이라 하도다

10여호와께서 홍수 때에 좌정(坐定)하셨음이여
여호와께서 영원하도록 왕으로 좌정하시도다

11여호와께서 자기 백성에게 힘을 주심이여
여호와께서 자기 백성에게 평강의 복을 주시리로다

다윗의 시, 곧 성전 낙성가

30

¹여호와여 내가 주를 높일 것은
주께서 나를 끌어내사 내 원수로 하여금
나로 말미암아 기뻐하지 못하게 하심이니이다

²여호와 내 하나님이여
내가 주께 부르짖으매 나를 고치셨나이다

³여호와여 주께서 내 영혼을 스올에서 끌어내어
나를 살리사 무덤으로 내려가지 아니하게 하셨나이다

⁴주의 성도(聖徒)들아 여호와를 찬송하며
그의 거룩함을 기억하며 감사하라

⁵그의 노염은 잠깐이요 그의 은총은 평생이로다
저녁에는 울음이 깃들일지라도 아침에는 기쁨이 오리로다

⁶내가 형통할 때에 말하기를
영원히 흔들리지 아니하리라 하였도다

⁷여호와여 주의 은혜로 나를 산 같이 굳게 세우셨더니
주의 얼굴을 가리시매 내가 근심하였나이다

⁸여호와여 내가 주께 부르짖고 여호와께 간구하기를

⁹내가 무덤에 내려갈 때에 나의 피가 무슨 유익이 있으리요
진토가 어떻게 주를 찬송하며 주의 진리를 선포하리이까

¹⁰여호와여 들으시고 내게 은혜를 베푸소서
여호와여 나를 돕는 자가 되소서 하였나이다

¹¹주께서 나의 슬픔이 변하여 내게 춤이 되게 하시며
나의 베옷을 벗기고 기쁨으로 띠 띠우셨나이다

¹²이는 잠잠하지 아니하고

내 영광으로 주를 찬송하게 하심이니
여호와 나의 하나님이여 내가 주께 영원히 감사하리이다

다윗의 시, 인도자를 따라 부르는 노래

31
¹여호와여 내가 주께 피하오니
나를 영원히 부끄럽게 하지 마시고
주의 공의로 나를 건지소서

²내게 귀를 기울여 속히 건지시고
내게 견고(堅固)한 바위와 구원하는 산성이 되소서

³주는 나의 반석과 산성이시니
그러므로 주의 이름을 생각하셔서
나를 인도하시고 지도하소서

⁴그들이 나를 위하여 비밀히 친 그물에서 빼내소서

주는 나의 산성이시니이다

⁵내가 나의 영을 주의 손에 부탁하나이다
진리의 하나님 여호와여 나를 속량하셨나이다

⁶내가 허탄한 거짓을 숭상하는 자들을 미워하고
여호와를 의지하나이다

⁷내가 주의 인자하심을 기뻐하며 즐거워할 것은
주께서 나의 고난을 보시고
환난 중에 있는 내 영혼을 아셨으며

⁸나를 원수의 수중에 가두지 아니하셨고
내 발을 넓은 곳에 세우셨음이니이다

⁹여호와여 내가 고통 중에 있사오니 내게 은혜를 베푸소서
내가 근심 때문에 눈과 영혼과 몸이 쇠하였나이다

¹⁰내 일생을 슬픔으로 보내며
나의 연수를 탄식으로 보냄이여

내 기력이 나의 죄악 때문에 약하여지며
나의 뼈가 쇠하도소이다

¹¹내가 모든 대적들 때문에 욕을 당하고
내 이웃에게서는 심히 당하니
내 친구가 놀라고 길에서 보는 자가 나를 피하였나이다

¹²내가 잊어버린 바 됨이
죽은 자를 마음에 두지 아니함 같고
깨진 그릇과 같으니이다

¹³내가 무리의 비방을 들었으므로
사방이 두려움으로 감싸였나이다

그들이 나를 치려고 함께 의논할 때에
내 생명을 빼앗기로 꾀하였나이다

14 여호와여 그러하여도 나는 주께 의지하고 말하기를
주는 내 하나님이시라 하였나이다

15 나의 앞날이 주의 손에 있사오니
내 원수들과 나를 핍박하는 자들의 손에서
나를 건져 주소서

16 주의 얼굴을 주의 종에게 비추시고
주의 사랑하심으로 나를 구원하소서

17 여호와여 내가 주를 불렀사오니
나를 부끄럽게 하지 마시고 악인들을 부끄럽게 하사
스올에서 잠잠하게 하소서

¹⁸고만하고 완악한 말로 무례히 의인을 치는 거짓 입술이
말 못하는 자 되게 하소서

¹⁹주를 두려워하는 자를 위하여 쌓아 두신 은혜
곧 주께 피하는 자를 위하여 인생 앞에 베푸신 은혜가
어찌 그리 큰지요

²⁰주께서 그들을 주의 은밀한 곳에 숨기사
사람의 꾀에서 벗어나게 하시고
비밀히 장막에 감추사 말 다툼에서 면하게 하시리이다

²¹여호와를 찬송할지어다
견고한 성에서 그의 놀라운 사랑을 내게 보이셨음이로다

²²내가 놀라서 말하기를
주의 목전에서 끊어졌다 하였사오나

내가 주께 부르짖을 때에
주께서 나의 간구하는 소리를 들으셨나이다

23 너희 모든 성도들아 여호와를 사랑하라
여호와께서 진실한 자를 보호하시고
교만하게 행하는 자에게 엄중히 갚으시느니라

24 여호와를 바라는 너희들아 강하고 담대하라

다윗의 마스길

32

1 허물의 사(赦)함을 받고
자신의 죄가 가려진 자는 복이 있도다

2 마음에 간사함이 없고
여호와께 정죄를 당하지 아니하는 자는 복이 있도다

3 내가 입을 열지 아니할 때에

종일 신음하므로 내 뼈가 쇠하였도다

4주의 손이 주야로 나를 누르시오니 내 진액이 빠져서
여름 가뭄에 마름 같이 되었나이다 (셀라)

5내가 이르기를 내 허물을 여호와께 자복(自服)하리라 하고
주께 내 죄를 아뢰고 내 죄악을 숨기지 아니하였더니
곧 주께서 내 죄악을 사하셨나이다 (셀라)

6이로 말미암아 모든 경건한 자는
주를 만날 기회를 얻어서 주께 기도할지라
진실로 홍수가 범람할지라도 그에게 미치지 못하리이다

7주는 나의 은신처이오니 환난에서 나를 보호하시고
구원의 노래로 나를 두르시리이다 (셀라)

8내가 네 갈 길을 가르쳐 보이고

너를 주목하여 훈계하리로다

⁹너희는 무지한 말이나 노새 같이 되지 말지어다
그것들은 재갈과 굴레로 단속하지 아니하면
너희에게 가까이 가지 아니하리로다

¹⁰악인에게는 많은 슬픔이 있으나
여호와를 신뢰(信賴)하는 자에게는 인자하심이 두르리로다

¹¹너희 의인들아 여호와를 기뻐하며 즐거워할지어다
마음이 정직한 너희들아 다 즐거이 외칠지어다

33 ¹너희 의인들아 여호와를 즐거워하리
찬송은 정직한 자들이 마땅히 할 바로다

²수금으로 여호와께 감사하고 열 줄 비파로 찬송할지어다

³새 노래로 그를 노래하며

즐거운 소리로 아름답게 연주할지어다

4 여호와의 말씀은 정직하며
그가 행하시는 일은 다 진실하시도다

5 그는 공의와 정의를 사랑하심이여
세상에는 여호와의 인자하심이 충만하도다

6 여호와의 말씀으로 하늘이 지음이 되었으며
그 만상을 그의 입 기운으로 이루었도다

7 그가 바닷물을 모아 무더기 같이 쌓으시며
깊은 물을 곳간에 두시도다

8 온 땅은 여호와를 두려워하며
세상의 모든 거민(居民)들은 그를 경외할지어다

9 그가 말씀하시매 이루어졌으며 명령하시매 견고히 섰도다

¹⁰여호와께서 나라들의 계획을 폐하시며
민족들의 사상을 무효하게 하시도다

¹¹여호와의 계획은 영원히 서고
그의 생각은 대대에 이르리로다

¹²여호와를 자기 하나님으로 삼은 나라
곧 하나님의 기업으로 선택된 백성은 복이 있도다

¹³여호와께서 하늘에서 굽어보사 모든 인생을 살피심이여

¹⁴곧 그가 거하시는 곳에서
세상의 모든 거민들을 굽어살피시는도다

¹⁵그는 그들 모두의 마음을 지으시며
그들이 하는 일을 굽어살피시는 이로다

¹⁶많은 군대로 구원 얻은 왕이 없으며

용사가 힘이 세어도 스스로 구원하지 못하는도다

¹⁷구원하는 데에 군마는 헛되며
군대가 많다 하여도 능히 구하지 못하는도다

¹⁸여호와는 그를 경외하는 자
곧 그의 인자하심을 바라는 자를 살피사

¹⁹그들의 영혼을 사망에서 건지시며
그들이 굶주릴 때에 그들을 살리시는도다

²⁰우리 영혼이 여호와를 바람이여
그는 우리의 도움과 방패시로다

²¹우리 마음이 그를 즐거워함이여
우리가 그의 성호를 의지하였기 때문이로다

²²여호와여 우리가 주께 바라는 대로

주의 인자하심을 우리에게 베푸소서

다윗이 아비멜렉 앞에서 미친 체하다가 쫓겨나서 지은 시

34 ¹내가 여호와를 항상 송축(頌祝)함이여
내 입술로 항상 주를 찬양하리이다

²내 영혼이 여호와를 자랑하리니
곤고한 자들이 이를 듣고 기뻐하리로다

³나와 함께 여호와를 광대하시다 하며
함께 그의 이름을 높이세

⁴내가 여호와께 간구하매 내게 응답하시고
내 모든 두려움에서 나를 건지셨도다

⁵그들이 주를 앙망하고 광채를 내었으니
그들의 얼굴은 부끄럽지 아니하리로다

⁶이 곤고한 자가 부르짖으매 여호와께서 들으시고
그의 모든 환난에서 구원하셨도다

⁷여호와의 천사(天使)가 주를 경외하는 자를 둘러 진 치고
그들을 건지시는도다

⁸너희는 여호와의 선하심을 맛보아 알지어다
그에게 피하는 자는 복이 있도다

⁹너희 성도(聖徒)들아 여호와를 경외하라
그를 경외하는 자에게는 부족함이 없도다

¹⁰젊은 사자는 궁핍하여 주릴지라도
여호와를 찾는 자는 모든 좋은 것에 부족함이 없으리로다

¹¹너희 자녀(子女)들아 와서 내 말을 들으라
내가 여호와를 경외하는 법을 너희에게 가르치리로다

¹²생명을 사모하고 연수를 사랑하여
복 받기를 원하는 사람이 누구뇨

¹³네 혀를 악에서 금하며
네 입술을 거짓말에서 금할지어다

¹⁴악을 버리고 선을 행하며 화평을 찾아 따를지어다

¹⁵여호와의 눈은 의인(義人)을 향하시고
그의 귀는 그들의 부르짖음에 기울이시는도다

¹⁶여호와의 얼굴은 악을 행하는 자를 향하사
그들의 자취를 땅에서 끊으려 하시는도다

¹⁷의인이 부르짖으매 여호와께서 들으시고
그들의 모든 환난에서 건지셨도다

¹⁸여호와는 마음이 상한 자를 가까이 하시고

충심으로 통회하는 자를 구원하시는도다

[19] 의인은 고난이 많으나
여호와께서 그의 모든 고난에서 건지시는도다

[20] 그의 모든 뼈를 보호하심이여
그 중에서 하나도 꺾이지 아니하도다

[21] 악이 악인을 죽일 것이라
의인을 미워하는 자는 벌을 받으리로다

[22] 여호와께서 그의 종들의 영혼을 속량하시나니
그에게 피하는 자는 다 벌을 받지 아니하리로다

다윗의 시

35

[1] 여호와여 나와 다투는 자와 다투시고
나와 싸우는 자와 싸우소서

2방패와 손 방패를 잡으시고 일어나 나를 도우소서

3창을 빼사 나를 쫓는 자의 길을 막으시고
또 내 영혼에게 나는 네 구원이라 이르소서

4내 생명을 찾는 자들이 부끄러워 수치를 당하게 하시며
나를 상해하려 하는 자들이 물러가 낭패를 당하게 하소서

5그들을 바람 앞에 겨와 같게 하시고
여호와의 천사가 그들을 몰아내게 하소서

6그들의 길을 어둡고 미끄럽게 하시며
여호와의 천사가 그들을 뒤쫓게 하소서

7그들이 까닭 없이 나를 잡으려고
그들의 그물을 웅덩이에 숨기며
까닭 없이 내 생명을 해하려고 함정을 팠사오니

8 멸망이 순식간에 그에게 닥치게 하시며
그가 숨긴 그물에 자기가 잡히게 하시며
멸망 중에 떨어지게 하소서

9 내 영혼이 여호와를 즐거워함이여
그의 구원을 기뻐하리로다

10 내 모든 뼈가 이르기를 여호와와 같은 이가 누구냐
그는 가난한 자를 그보다 강한 자에게서 건지시고

가난하고 궁핍한 자를 노략하는 자에게서 건지시는 이라
하리로다

11 불의한 증인들이 일어나서
내가 알지 못하는 일로 내게 질문하며

12 내게 선을 악으로 갚아 나의 영혼을 외롭게 하나

13 나는 그들이 병 들었을 때에 굵은 베 옷을 입으며
금식하여 내 영혼을 괴롭게 하였더니
내 기도가 내 품으로 돌아왔도다

14 내가 나의 친구와 형제에게 행함 같이 그들에게 행하였으며
내가 몸을 굽히고 슬퍼하기를 어머니를 곡함 같이 하였도다

15 그러나 내가 넘어지매 그들이 기뻐하여 서로 모임이여
불량배가 내가 알지 못하는 중에 모여서
나를 치며 찢기를 마지아니하도다

16 그들은 연회(宴會)에서 망령되이 조롱하는 자 같이
나를 향하여 그들의 이를 갈도다

17 주여 어느 때까지 관망하시려 하나이까
내 영혼을 저 멸망자에게서 구원하시며

내 유일한 것을 사자들에게서 건지소서

18 내가 대회 중에서 주께 감사하며
많은 백성 중에서 주를 찬송하리이다

19 부당하게 나의 원수된 자가
나로 말미암아 기뻐하지 못하게 하시며

까닭 없이 나를 미워하는 자들이
서로 눈짓하지 못하게 하소서

20 무릇 그들은 화평을 말하지 아니하고
오히려 평안히 땅에 사는 자들을 거짓말로 모략하며

21 또 그들이 나를 향하여 입을 크게 벌리고
하하 우리가 목격하였다 하나이다

22 여호와여 주께서 이를 보셨사오니 잠잠하지 마옵소서

주여 나를 멀리하지 마옵소서

23나의 하나님, 나의 주여 떨치고 깨셔서
나를 공판하시며 나의 송사를 다스리소서

24여호와 나의 하나님이여 주의 공의대로 나를 판단하사
그들이 나로 말미암아 기뻐하지 못하게 하소서

25그들이 마음속으로 이르기를
아하 소원을 성취하였다 하지 못하게 하시며
우리가 그를 삼켰다 말하지 못하게 하소서

26나의 재난을 기뻐하는 자들이
함께 부끄러워 낭패를 당하게 하시며

나를 향하여 스스로 뽐내는 자들이
수치와 욕을 당하게 하소서

²⁷나의 의를 즐거워하는 자들이
기꺼이 노래 부르고 즐거워하게 하시며

그의 종의 평안함을 기뻐하시는 여호와는
위대하시다 하는 말을 그들이 항상 말하게 하소서

²⁸나의 혀가 주의 의를 말하며 종일토록 주를 찬송하리이다

여호와의 종 다윗의 시, 인도자를 따라 부르는 노래

36

¹악인의 죄가 그의 마음속으로 이르기를
그의 눈에는 하나님을 두려워하는 빛이 없다 하니

²그가 스스로 자랑하기를 자기의 죄악은 드러나지 아니하고
미워함을 받지도 아니하리라 함이로다

³그의 입에서 나오는 말은 죄악과 속임이라
그는 지혜와 선행을 그쳤도다

4 그는 그의 침상에서 죄악을 꾀하며
스스로 악한 길에 서고 악을 거절하지 아니하는도다

5 여호와여 주의 인자하심이 하늘에 있고
주의 진실하심이 공중에 사무쳤으며

6 주의 의는 하나님의 산들과 같고
주의 심판은 큰 바다와 같으니이다
여호와여 주는 사람과 짐승을 구하여 주시나이다

7 하나님이여 주의 인자하심이 어찌 그리 보배로우신지요
사람들이 주의 날개 그늘 아래에 피하나이다

8 그들이 주의 집에 있는 살진 것으로 풍족할 것이라
주께서 주의 복락의 강물을 마시게 하시리이다

9 진실로 생명의 원천이 주께 있사오니

주의 빛 안에서 우리가 빛을 보리이다

¹⁰주를 아는 자들에게 주의 인자하심을 계속 베푸시며
마음이 정직한 자에게 주의 공의를 베푸소서

¹¹교만한 자의 발이 내게 이르지 못하게 하시며
악인들의 손이 나를 쫓아내지 못하게 하소서

¹²악을 행하는 자들이 거기서 넘어졌으니
엎드러지고 다시 일어날 수 없으리이다

다윗의 시

37

¹악을 행하는 자들 때문에 불평하지 말며
불의를 행하는 자들을 시기하지 말지어다

²그들은 풀과 같이 속히 베임을 당할 것이며
푸른 채소 같이 쇠잔할 것임이로다

3 여호와를 의뢰(依賴)하고 선을 행하라
땅에 머무는 동안 그의 성실을 먹을 거리로 삼을지어다

4 또 여호와를 기뻐하라
그가 네 마음의 소원을 네게 이루어 주시리로다

5 네 길을 여호와께 맡기라
그를 의지하면 그가 이루시고

6 네 의를 빛 같이 나타내시며
네 공의를 정오의 빛 같이 하시리로다

7 여호와 앞에 잠잠하고 참고 기다리라
자기 길이 형통(亨通)하며 악한 꾀를 이루는 자 때문에
불평하지 말지어다

8 분을 그치고 노를 버리며 불평하지 말라

오히려 악을 만들 뿐이라

9 진실로 악을 행하는 자들은 끊어질 것이나
여호와를 소망하는 자들은 땅을 차지하리로다

10 잠시 후에는 악인이 없어지리니
네가 그 곳을 자세히 살필지라도 없으리로다

11 그러나 온유한 자들은 땅을 차지하며
풍성한 화평으로 즐거워하리로다

12 악인이 의인 치기를 꾀하고
그를 향하여 그의 이를 가는도다

13 그러나 주께서 그를 비웃으시리니
그의 날이 다가옴을 보심이로다

14 악인이 칼을 빼고 활을 당겨

가난하고 궁핍한 자를 엎드러뜨리며
행위가 정직한 자를 죽이고자 하나

¹⁵그들의 칼은 오히려 그들의 양심을 찌르고
그들의 활은 부러지리로다

¹⁶의인의 적은 소유가 악인의 풍부(豊富)함보다 낫도다

¹⁷악인의 팔은 부러지나 의인은 여호와께서 붙드시는도다

¹⁸여호와께서 온전한 자의 날을 아시나니
그들의 기업은 영원하리로다

¹⁹그들은 환난 때에 부끄러움을 당하지 아니하며
기근의 날에도 풍족(豊足)할 것이나

²⁰악인들은 멸망하고 여호와의 원수들은
어린 양의 기름 같이 타서 연기가 되어 없어지리로다

²¹악인은 꾸고 갚지 아니하나
　의인은 은혜를 베풀고 주는도다

²²주의 복을 받은 자들은 땅을 차지하고
　주의 저주를 받은 자들은 끊어지리로다

²³여호와께서 사람의 걸음을 정하시고
　그의 길을 기뻐하시나니

²⁴그는 넘어지나 아주 엎드러지지 아니함은
　여호와께서 그의 손으로 붙드심이로다

²⁵내가 어려서부터 늙기까지 의인이 버림을 당하거나
　그의 자손이 걸식함을 보지 못하였도다

²⁶그는 종일토록 은혜를 베풀고 꾸어 주니
　그의 자손이 복을 받는도다

27 악에서 떠나 선을 행하라 그리하면 영원히 살리니

28 여호와께서 정의를 사랑하시고
그의 성도를 버리지 아니하심이로다
그들은 영원히 보호를 받으나 악인의 자손은 끊어지리로다

29 의인이 땅을 차지함이여 거기서 영원히 살리로다

30 의인의 입은 지혜로우며 그의 혀는 정의를 말하며

31 그의 마음에는 하나님의 법이 있으니
그의 걸음은 실족(失足)함이 없으리로다

32 악인이 의인을 엿보아 살해할 기회를 찾으나

33 여호와는 그를 악인의 손에 버려 두지 아니하시고
재판 때에도 정죄(定罪)하지 아니하시리로다

34 여호와를 바라고 그의 도를 지키라

그리하면 네가 땅을 차지하게 하실 것이라
악인이 끊어질 때에 네가 똑똑히 보리로다

³⁵내가 악인의 큰 세력을 본즉
그 본래(本來)의 땅에 서 있는 나무 잎이 무성함과 같으나

³⁶내가 지나갈 때에 그는 없어졌나니
내가 찾아도 발견하지 못하였도다

³⁷온전한 사람을 살피고 정직한 자를 볼지어다
모든 화평한 자의 미래는 평안이로다

³⁸범죄자들은 함께 멸망하리니 악인의 미래는 끊어질 것이나

³⁹의인들의 구원은 여호와로부터 오나니
그는 환난 때에 그들의 요새이시로다

⁴⁰여호와께서 그들을 도와 건지시되

악인들에게서 건져 구원하심은 그를 의지한 까닭이로다

다윗의 기념하는 시

38

1 여호와여 주의 노하심으로 나를 책망하지 마시고
주의 분노하심으로 나를 징계하지 마소서

2 주의 화살이 나를 찌르고
주의 손이 나를 심히 누르시나이다

3 주의 진노로 말미암아 내 살에 성한 곳이 없사오며
나의 죄로 말미암아 내 뼈에 평안함이 없나이다

4 내 죄악이 내 머리에 넘쳐서 무거운 짐 같으니
내가 감당할 수 없나이다

5 내 상처가 썩어 악취가 나오니
내가 우매한 까닭이로소이다

⁶내가 아프고 심히 구부러졌으며
종일토록 슬픔 중에 다니나이다

⁷내 허리에 열기가 가득하고 내 살에 성한 곳이 없나이다

⁸내가 피곤하고 심히 상하였으매
마음이 불안하여 신음하나이다

⁹주여 나의 모든 소원이 주 앞에 있사오며
나의 탄식이 주 앞에 감추이지 아니하나이다

¹⁰내 심장이 뛰고 내 기력(氣力)이 쇠하여
내 눈의 빛도 나를 떠났나이다

¹¹내가 사랑하는 자와 내 친구들이 내 상처를 멀리하고
내 친척들도 멀리 섰나이다

¹²내 생명을 찾는 자가 올무를 놓고

나를 해하려는 자가 괴악한 일을 말하여
종일토록 음모를 꾸미오나

¹³나는 못 듣는 자 같이 듣지 아니하고
말 못하는 자 같이 입을 열지 아니하오니

¹⁴나는 듣지 못하는 자 같아서
내 입에는 반박할 말이 없나이다

¹⁵여호와여 내가 주를 바랐사오니
내 주 하나님이 내게 응답하시리이다

¹⁶내가 말하기를 두렵건대 그들이 나 때문에 기뻐하며
내가 실족할 때에 나를 향하여 스스로 교만할까 하였나이다

¹⁷내가 넘어지게 되었고 나의 근심이 항상 내 앞에 있사오니

¹⁸내 죄악을 아뢰고 내 죄를 슬퍼함이니이다

¹⁹내 원수가 활발하며
강하고 부당하게 나를 미워하는 자가 많으며

²⁰또 악으로 선을 대신하는 자들이
내가 선을 따른다는 것 때문에 나를 대적하나이다

²¹여호와여 나를 버리지 마소서
나의 하나님이여 나를 멀리하지 마소서

²²속히 나를 도우소서 주 나의 구원이시여

다윗의 시, 인도자를 따라 여두둔 형식으로 부르는 노래

39

¹내가 말하기를 나의 행위(行爲)를 조심하여
내 혀로 범죄하지 아니하리니

악인이 내 앞에 있을 때에
내가 내 입에 재갈을 먹이리라 하였도다

²내가 잠잠하여 선한 말도 하지 아니하니
나의 근심이 더 심하도다

³내 마음이 내 속에서 뜨거워서 작은 소리로 읊조릴 때에
불이 붙으니 나의 혀로 말하기를

⁴여호와여 나의 종말과 연한이 언제까지인지 알게 하사
내가 나의 연약함을 알게 하소서

⁵주께서 나의 날을 한 뼘 길이만큼 되게 하시매
나의 일생이 주 앞에는 없는 것 같사오니

사람은 그가 든든히 서 있는 때에도
진실로 모두가 허사뿐이니이다 (셀라)

⁶진실로 각 사람은 그림자 같이 다니고
헛된 일로 소란하며 재물을 쌓으나

누가 거둘는지 알지 못하나이다

7 주여 이제 내가 무엇을 바라리요
나의 소망은 주께 있나이다

8 나를 모든 죄에서 건지시며
우매한 자에게서 욕을 당하지 아니하게 하소서

9 내가 잠잠하고 입을 열지 아니함은
주께서 이를 행하신 까닭이니이다

10 주의 징벌을 나에게서 옮기소서
주의 손이 치심으로 내가 쇠망하였나이다

11 주께서 죄악을 책망하사 사람을 징계하실 때에
그 영화를 좀먹음 같이 소멸하게 하시니
참으로 인생이란 모두 헛될 뿐이니이다 (셀라)

¹²여호와여 나의 기도를 들으시며
나의 부르짖음에 귀를 기울이소서

내가 눈물 흘릴 때에 잠잠하지 마옵소서
나는 주와 함께 있는 나그네이며
나의 모든 조상들처럼 떠도나이다

¹³주는 나를 용서하사 내가 떠나 없어지기 전에
나의 건강을 회복시키소서

다윗의 시, 인도자를 따라 부르는 노래

40 ¹내가 여호와를 기다리고 기다렸더니
귀를 기울이사 나의 부르짖음을 들으셨도다

²나를 기가 막힐 웅덩이와 수렁에서 끌어올리시고
내 발을 반석 위에 두사 내 걸음을 견고하게 하셨도다

³새 노래 곧 우리 하나님께 올릴 찬송을 내 입에 두셨으니
많은 사람이 보고 두려워하여 여호와를 의지(依支)하리로다

⁴여호와를 의지하고 교만한 자와 거짓에 치우치는 자를
돌아보지 아니하는 자는 복이 있도다

⁵여호와 나의 하나님이여 주께서 행하신 기적이 많고
우리를 향하신 주의 생각도 많아

누구도 주와 견줄 수가 없나이다
내가 널리 알려 말하고자 하나
너무 많아 그 수를 셀 수도 없나이다

⁶주께서 내 귀를 통하여 내게 들려 주시기를
제사와 예물을 기뻐하지 아니하시며
번제와 속죄제(贖罪祭)를 요구하지 아니하신다 하신지라

⁷그 때에 내가 말하기를 내가 왔나이다
나를 가리켜 기록한 것이 두루마리 책에 있나이다

⁸나의 하나님이여 내가 주의 뜻 행하기를 즐기오니
주의 법이 나의 심중에 있나이다 하였나이다

⁹내가 많은 회중(會衆) 가운데에서
의의 기쁜 소식을 전하였나이다

여호와여 내가 내 입술을 닫지 아니할 줄을
주께서 아시나이다

¹⁰내가 주의 공의를 내 심중(心中)에 숨기지 아니하고
주의 성실과 구원을 선포하였으며

내가 주의 인자와 진리를 많은 회중 가운데에서
감추지 아니하였나이다

¹¹여호와여 주의 긍휼을 내게서 거두지 마시고
주의 인자와 진리로 나를 항상 보호하소서

¹²수많은 재앙이 나를 둘러싸고
나의 죄악이 나를 덮치므로 우러러볼 수도 없으며
죄가 나의 머리털보다 많으므로 내가 낙심하였음이니이다

¹³여호와여 은총을 베푸사 나를 구원하소서
여호와여 속히 나를 도우소서

¹⁴내 생명을 찾아 멸하려 하는 자는
다 수치와 낭패를 당하게 하시며

나의 해를 기뻐하는 자는
다 물러가 욕을 당하게 하소서

¹⁵나를 향하여 하하 하하 하며 조소하는 자들이

자기 수치로 말미암아 놀라게 하소서

¹⁶주를 찾는 자는 다 주 안에서
즐거워하고 기뻐하게 하시며

주의 구원을 사랑하는 자는 항상 말하기를
여호와는 위대(偉大)하시다 하게 하소서

¹⁷나는 가난하고 궁핍하오나 주께서는 나를 생각하시오니
주는 나의 도움이시요 나를 건지시는 이시라
나의 하나님이여 지체하지 마소서

다윗의 시, 인도자를 따라 부르는 노래

41

¹가난한 자를 보살피는 자에게 복이 있음이여
재앙의 날에 여호와께서 그를 건지시리로다

²여호와께서 그를 지키사 살게 하시리니

그가 이 세상에서 복을 받을 것이라
주여 그를 그 원수들의 뜻에 맡기지 마소서

3 여호와께서 그를 병상(病床)에서 붙드시고
그가 누워 있을 때마다 그의 병을 고쳐 주시나이다

4 내가 말하기를 여호와여 내게 은혜를 베푸소서
내가 주께 범죄하였사오니 나를 고치소서 하였나이다

5 나의 원수가 내게 대하여 악담하기를
그가 어느 때에나 죽고 그의 이름이 언제나 없어질까 하며

6 나를 보러 와서는 거짓을 말하고
그의 중심에 악을 쌓았다가 나가서는 이를 널리 선포하오며

7 나를 미워하는 자가 다 하나같이
내게 대하여 수군거리고 나를 해하려고 꾀하며

8 이르기를 악한 병이 그에게 들었으니
이제 그가 눕고 다시 일어나지 못하리라 하오며

9 내가 신뢰하여 내 떡을 나눠 먹던 나의 가까운 친구도
나를 대적하여 그의 발꿈치를 들었나이다

10 그러하오나 주 여호와여
내게 은혜를 베푸시고 나를 일으키사
내가 그들에게 보응하게 하소서 이로써

11 내 원수가 나를 이기지 못하오니
주께서 나를 기뻐하시는 줄을 내가 알았나이다

12 주께서 나를 온전한 중에 붙드시고
영원히 주 앞에 세우시나이다

13 이스라엘의 하나님 여호와를

영원부터 영원까지 송축할지로다 아멘 아멘

제이권 출애굽기편

고라 자손의 마스길, 인도자를 따라 부르는 노래

42 ¹하나님이여 사슴이 시냇물을 찾기에 갈급함 같이
내 영혼이 주를 찾기에 갈급(渴急)하니이다

²내 영혼이 하나님 곧 살아 계시는 하나님을 갈망하나니
내가 어느 때에 나아가서 하나님의 얼굴을 뵈올까

³사람들이 종일(終日) 내게 하는 말이
네 하나님이 어디 있느뇨 하오니
내 눈물이 주야(晝夜)로 내 음식이 되었도다

⁴내가 전에 성일을 지키는 무리와 동행하여
기쁨과 감사의 소리를 내며

그들을 하나님의 집으로 인도하였더니
이제 이 일을 기억하고 내 마음이 상하는도다

5 내 영혼아 네가 어찌하여 낙심하며
어찌하여 내 속에서 불안해 하는가

너는 하나님께 소망을 두라
그가 나타나 도우심으로 말미암아
내가 여전히 찬송하리로다

6 내 하나님이여 내 영혼이 내 속에서 낙심이 되므로
내가 요단 땅과 헤르몬과 미살 산에서 주를 기억하나이다

7 주의 폭포 소리에 깊은 바다가 서로 부르며
주의 모든 파도와 물결이 나를 휩쓸었나이다

8 낮에는 여호와께서 그의 인자하심을 베푸시고

밤에는 그의 찬송이 내게 있어
생명의 하나님께 기도하리로다

⁹내 반석이신 하나님께 말하기를 어찌하여 나를 잊으셨나이까
내가 어찌하여 원수의 압제로 말미암아 슬프게 다니나이까
하리로다

¹⁰내 뼈를 찌르는 칼 같이 내 대적이 나를 비방하여
늘 내게 말하기를 네 하나님이 어디 있느냐 하도다

¹¹내 영혼아 네가 어찌하여 낙심하며
어찌하여 내 속에서 불안해 하는가
너는 하나님께 소망을 두라

나는 그가 나타나 도우심으로 말미암아
내 하나님을 여전히 찬송하리로다

43

1 하나님이여 나를 판단하시되
경건하지 아니한 나라에 대하여

내 송사(訟事)를 변호하시며
간사하고 불의한 자에게서 나를 건지소서

2 주는 나의 힘이 되신 하나님이시거늘
어찌하여 나를 버리셨나이까

내가 어찌하여 원수의 억압으로 말미암아
슬프게 다니나이까

3 주의 빛과 주의 진리(眞理)를 보내시어 나를 인도하시고
주의 거룩한 산과 주께서 계시는 곳에 이르게 하소서

4 그런즉 내가 하나님의 제단에 나아가
나의 큰 기쁨의 하나님께 이르리이다

하나님이여 나의 하나님이여
내가 수금으로 주를 찬양하리이다

⁵내 영혼아 네가 어찌하여 낙심하며
어찌하여 내 속에서 불안해 하는가

너는 하나님께 소망을 두라
그가 나타나 도우심으로 말미암아
내 하나님을 여전히 찬송하리로다

고라 자손의 마스길, 인도자를 따라 부르는 노래

44

¹하나님이여 주께서 우리 조상들(祖上)의 날
곧 옛날에 행하신 일을 그들이 우리에게 일러 주매
우리가 우리 귀로 들었나이다

²주께서 주의 손으로 뭇 백성을 내쫓으시고

우리 조상들을 이 땅에 뿌리 박게 하시며
주께서 다른 민족들은 고달프게 하시고
우리 조상들은 번성하게 하셨나이다

³그들이 자기 칼로 땅을 얻어 차지함이 아니요
그들의 팔이 그들을 구원함도 아니라

오직 주의 오른손과 주의 팔과
주의 얼굴의 빛으로 하셨으니
주께서 그들을 기뻐하신 까닭이니이다

⁴하나님이여 주는 나의 왕이시니 야곱에게 구원을 베푸소서

⁵우리가 주를 의지하여 우리 대적을 누르고
우리를 치러 일어나는 자를 주의 이름으로 밟으리이다

⁶나는 내 활을 의지하지 아니할 것이라

내 칼이 나를 구원하지 못하리이다

7 오직 주께서 우리를 우리 원수들에게서 구원하시고
우리를 미워하는 자로 수치를 당하게 하셨나이다

8 우리가 종일 하나님을 자랑하였나이다
우리는 하나님의 이름에 영원히 감사하리이다 (셀라)

9 그러나 이제는 주께서 우리를 버려 욕을 당하게 하시고
우리 군대와 함께 나아가지 아니하시나이다

10 주께서 우리를 대적들에게서 돌아서게 하시니
우리를 미워하는 자가 자기를 위하여 탈취하였나이다

11 주께서 우리를 잡아먹힐 양처럼 그들에게 넘겨 주시고
여러 민족 중에 우리를 흩으셨나이다

12 주께서 주의 백성을 헐값으로 파심이여

그들을 판 값으로 이익을 얻지 못하셨나이다

13 주께서 우리로 하여금 이웃에게 욕을 당하게 하시니
그들이 우리를 둘러싸고 조소하고 조롱하나이다

14 주께서 우리를 뭇 백성 중에 이야기거리가 되게 하시며
민족 중에서 머리 흔듦을 당하게 하셨나이다

15 나의 능욕이 종일 내 앞에 있으며
수치가 내 얼굴을 덮었으니

16 나를 비방하고 욕하는 소리 때문이요
나의 원수와 나의 복수자 때문이니이다

17 이 모든 일이 우리에게 임하였으나
우리가 주를 잊지 아니하며
주의 언약을 어기지 아니하였나이다

18우리의 마음은 위축되지 아니하고
우리 걸음도 주의 길을 떠나지 아니하였으나

19주께서 우리를 승냥이의 처소에 밀어 넣으시고
우리를 사망의 그늘로 덮으셨나이다

20우리가 우리 하나님의 이름을 잊어버렸거나
우리 손을 이방 신에게 향하여 폈더면

21하나님이 이를 알아내지 아니하셨으리이까
무릇 주는 마음의 비밀을 아시나이다

22우리가 종일 주를 위하여 죽임을 당하게 되며
도살할 양 같이 여김을 받았나이다

23주여 깨소서 어찌하여 주무시나이까
일어나시고 우리를 영원히 버리지 마소서

²⁴어찌하여 주의 얼굴을 가리시고
우리의 고난과 압제를 잊으시나이까

²⁵우리 영혼은 진토 속에 파묻히고
우리 몸은 땅에 붙었나이다

²⁶일어나 우리를 도우소서
주의 인자하심으로 말미암아 우리를 구원하소서

고라 자손의 마스길, 사랑의 노래, 인도자를 따라 소산님에 맞춘 것

45

¹내 마음이 좋은 말로 왕을 위하여
지은 것을 말하리니 내 혀는 글솜씨가 뛰어난
서기관(書記官)의 붓끝과 같도다

²왕은 사람들보다 아름다워 은혜를 입술에 머금으니
그러므로 하나님이 왕에게 영원히 복을 주시도다

³용사여 칼을 허리에 차고 왕의 영화와 위엄을 입으소서

⁴왕은 진리와 온유와 공의를 위하여
왕의 위엄을 세우시고 병거에 오르소서
왕의 오른손이 왕에게 놀라운 일을 가르치리이다

⁵왕의 화살은 날카로워 왕의 원수의 염통을 뚫으니
만민이 왕의 앞에 엎드러지는도다

⁶하나님이여 주의 보좌는 영원하며
주의 나라의 규(規)는 공평(公平)한 규이니이다

⁷왕은 정의를 사랑하고 악을 미워하시니
그러므로 하나님 곧 왕의 하나님이

즐거움의 기름을 왕에게 부어
왕의 동료(同類)보다 뛰어나게 하셨나이다

⁸왕의 모든 옷은 몰약과 침향과 육계의 향기가 있으며
상아궁에서 나오는 현악은 왕을 즐겁게 하도다

⁹왕이 가까이 하는 여인들 중에는 왕들의 딸이 있으며
왕후는 오빌의 금으로 꾸미고 왕의 오른쪽에 서도다

¹⁰딸이여 듣고 보고 귀를 기울일지어다
네 백성과 네 아버지의 집을 잊어버릴지어다

¹¹그리하면 왕이 네 아름다움을 사모하실지라
그는 네 주인이시니 너는 그를 경배할지어다

¹²두로의 딸은 예물을 드리고
백성 중 부한 자도 네 얼굴 보기를 원하리로다

¹³왕의 딸은 궁중에서 모든 영화를 누리니
그의 옷은 금으로 수 놓았도다

¹⁴수 놓은 옷을 입은 그는 왕께로 인도함을 받으며
시종하는 친구 처녀들도 왕께로 이끌려 갈 것이라

¹⁵그들은 기쁨과 즐거움으로 인도함을 받고
왕궁에 들어가리로다

¹⁶왕의 아들들은 왕의 조상들을 계승할 것이라
왕이 그들로 온 세계의 군왕을 삼으리로다

¹⁷내가 왕의 이름을 만세에 기억하게 하리니
그러므로 만민이 왕을 영원히 찬송하리로다

고라 자손의 시, 인도자를 따라 알라못에 맞춘 노래

46 ¹하나님은 우리의 피난처시요 힘이시니
환난 중에 만날 큰 도움이시라

²그러므로 땅이 변하든지

산이 흔들려 바다 가운데에 빠지든지

³바닷물이 솟아나고 뛰놀든지
그것이 넘침으로 산이 흔들릴지라도
우리는 두려워하지 아니하리로다 (셀라)

⁴한 시내가 있어 나뉘어 흘러 하나님의 성
곧 지존하신 이의 성소를 기쁘게 하도다

⁵하나님이 그 성 중에 계시매 성이 흔들리지 아니할 것이라
새벽에 하나님이 도우시리로다

⁶뭇 나라가 떠들며 왕국이 흔들렸더니
그가 소리를 내시매 땅이 녹았도다

⁷만군의 여호와께서 우리와 함께 하시니
야곱의 하나님은 우리의 피난처시로다 (셀라)

⁸와서 여호와의 행적(行蹟)을 볼지어다
그가 땅을 황무지로 만드셨도다

⁹그가 땅 끝까지 전쟁을 쉬게 하심이여
활을 꺾고 창을 끊으며 수레를 불사르시는도다

¹⁰이르시기를 너희는 가만히 있어 내가 하나님 됨을 알지어다
내가 뭇 나라 중에서 높임을 받으리라
내가 세계 중에서 높임을 받으리라 하시도다

¹¹만군의 여호와께서 우리와 함께 하시니
야곱의 하나님은 우리의 피난처시로다 (셀라)

고라 자손의 시, 인도자를 따라 부르는 노래

47
¹너희 만민들아 손바닥을 치고
즐거운 소리로 하나님께 외칠지어다

²지존하신 여호와는 두려우시고
온 땅에 큰 왕이 되심이로다

³여호와께서 만민을 우리에게,
나라들을 우리 발 아래에 복종(服從)하게 하시며

⁴우리를 위하여 기업을 택하시나니
곧 사랑하신 야곱의 영화로다 (셀라)

⁵하나님께서 즐거운 함성 중에 올라가심이여
여호와께서 나팔 소리 중에 올라가시도다

⁶찬송하라 하나님을 찬송하라
찬송하라 우리 왕을 찬송하라

⁷하나님은 온 땅의 왕이심이라
지혜의 시로 찬송할지어다

⁸하나님이 뭇 백성(百姓)을 다스리시며
하나님이 그의 거룩한 보좌에 앉으셨도다

⁹뭇 나라의 고관들이 모임이여
아브라함의 하나님의 백성이 되도다

세상의 모든 방패는 하나님의 것임이여
그는 높임을 받으시리로다

고라 자손의 시 곧 노래

48

¹여호와는 위대하시니 우리 하나님의 성,
거룩한 산에서 극진히 찬양 받으시리로다

²터가 높고 아름다워 온 세계가 즐거워함이여
큰 왕의 성 곧 북방에 있는 시온 산이 그러하도다

³하나님이 그 여러 궁중에서 자기를 요새로 알리셨도다

⁴왕들이 모여서 함께 지나갔음이여

⁵그들이 보고 놀라고 두려워 빨리 지나갔도다

⁶거기서 떨림이 그들을 사로잡으니
고통이 해산하는 여인의 고통 같도다

⁷주께서 동풍(東風)으로 다시스의 배를 깨뜨리시도다

⁸우리가 들은 대로 만군의 여호와의 성,
우리 하나님의 성에서 보았나니
하나님이 이를 영원히 견고하게 하시리로다 (셀라)

⁹하나님이여 우리가 주의 전 가운데에서
주의 인자하심을 생각하였나이다

¹⁰하나님이여 주의 이름과 같이 찬송도 땅 끝까지 미쳤으며
주의 오른손에는 정의가 충만하였나이다

¹¹주의 심판으로 말미암아 시온 산은 기뻐하고
유다의 딸들은 즐거워할지어다

¹²너희는 시온을 돌면서 그 곳을 둘러보고
그 망대들을 세어 보라

¹³그의 성벽을 자세히 보고
그의 궁전을 살펴서 후대에 전하라

¹⁴이 하나님은 영원히 우리 하나님이시니
그가 우리를 죽을 때까지 인도하시리로다

고라 자손의 시, 인도자를 따라 부르는 노래

49

¹뭇 백성들아 이를 들으라
세상의 거민들아 모두 귀를 기울이라

²귀천 빈부(貴賤 貧富)를 막론하고 다 들을지어다

³내 입은 지혜를 말하겠고
내 마음은 명철을 작은 소리로 읊조리리로다

⁴내가 비유에 내 귀를 기울이고
수금으로 나의 오묘한 말을 풀리로다

⁵죄악이 나를 따라다니며 나를 에워싸는 환난의 날을
내가 어찌 두려워하랴

⁶자기의 재물을 의지하고 부유함을 자랑하는 자는

⁷아무도 자기의 형제를 구원하지 못하며
그를 위한 속전을 하나님께 바치지도 못할 것은

⁸그들의 생명을 속량하는 값이 너무 엄청나서
영원히 마련하지 못할 것임이니라

⁹그가 영원(永遠)히 살아서 죽음을 보지 않을 것인가

¹⁰그러나 그는 지혜 있는 자도 죽고
어리석고 무지한 자도 함께 망하며

그들의 재물은 남에게 남겨 두고
떠나는 것을 보게 되리로다

¹¹그러나 그들의 속 생각에 그들의 집은 영원히 있고
그들의 거처는 대대에 이르리라 하여
그들의 토지를 자기 이름으로 부르도다

¹²사람은 존귀하나 장구하지 못함이여
멸망하는 짐승 같도다

¹³이것이 바로 어리석은 자들의 길이며
그들의 말을 기뻐하는 자들의 종말(終末)이로다 (셀라)

¹⁴그들은 양 같이 스올에 두기로 작정되었으니

사망이 그들의 목자일 것이라
정직한 자들이 아침에 그들을 다스리리니

그들의 아름다움은 소멸하고
스올이 그들의 거처가 되리라

15 그러나 하나님은 나를 영접하시리니
이러므로 내 영혼을 스올의 권세에서 건져내시리로다 (셀라)

16 사람이 치부하여 그의 집의 영광이 더할 때에
너는 두려워하지 말지어다

17 그가 죽으매 가져가는 것이 없고
그의 영광이 그를 따라 내려가지 못함이로다

18 그가 비록 생시(生時)에 자기를 축하하며
스스로 좋게 함으로 사람들에게 칭찬을 받을지라도

¹⁹그들은 그들의 역대 조상들에게로 돌아가리니
영원히 빛을 보지 못하리로다

²⁰존귀하나 깨닫지 못하는 사람은 멸망하는 짐승 같도다

아삽의 시

50

¹전능(全能)하신 이 여호와 하나님께서 말씀하사
해 돋는 데서부터 지는 데까지 세상을 부르셨도다

²온전히 아름다운 시온에서 하나님이 빛을 비추셨도다

³우리 하나님이 오사 잠잠하지 아니하시니
그 앞에는 삼키는 불이 있고 그 사방에는 광풍이 불리로다

⁴하나님이 자기의 백성을 판결하시려고
위 하늘과 아래 땅에 선포하여

⁵이르시되 나의 성도들을 내 앞에 모으라

그들은 제사로 나와 언약한 이들이니라 하시도다

6 하늘이 그의 공의를 선포하리니
하나님 그는 심판장이심이로다 (셀라)

7 내 백성아 들을지어다 내가 말하리라
이스라엘아 내가 네게 증언하리라
나는 하나님 곧 네 하나님이로다

8 나는 네 제물 때문에 너를 책망(責望)하지는 아니하리니
네 번제가 항상 내 앞에 있음이로다

9 내가 네 집에서 수소나
네 우리에서 숫염소를 가져가지 아니하리니

10 이는 삼림(森林)의 짐승들과 뭇 산의 가축이 다 내 것이며

11 산의 모든 새들도 내가 아는 것이며

들의 짐승도 내 것임이로다

¹²내가 가령 주려도 네게 이르지 아니할 것은
세계와 거기에 충만한 것이 내 것임이로다

¹³내가 수소의 고기를 먹으며 염소의 피를 마시겠느냐

¹⁴감사로 하나님께 제사를 드리며
지존하신 이에게 네 서원을 갚으며

¹⁵환난 날에 나를 부르라 내가 너를 건지리니
네가 나를 영화롭게 하리로다

¹⁶악인에게는 하나님이 이르시되
네가 어찌하여 내 율례를 전하며
내 언약을 네 입에 두느냐

¹⁷네가 교훈을 미워하고 내 말을 네 뒤로 던지며

¹⁸도둑을 본즉 그와 연합하고
간음하는 자들과 동료가 되며

¹⁹네 입을 악에게 내어 주고 네 혀로 거짓을 꾸미며

²⁰앉아서 네 형제를 공박하며
네 어머니의 아들을 비방하는도다

²¹네가 이 일을 행하여도 내가 잠잠하였더니
네가 나를 너와 같은 줄로 생각하였도다

그러나 내가 너를 책망하여 네 죄를 네 눈 앞에
낱낱이 드러내리라 하시는도다

²²하나님을 잊어버린 너희여 이제 이를 생각하라
그렇지 아니하면 내가 너희를 찢으리니 건질 자 없으리라

²³감사로 제사를 드리는 자가 나를 영화롭게 하나니

그의 행위를 옳게 하는 자에게
내가 하나님의 구원을 보이리라

다윗의 시, 인도자를 따라 부르는 노래,
다윗이 밧세바와 동침한 후 선지자 나단이 그에게 왔을 때

51 ¹하나님이여 주의 인자를 따라 내게 은혜를 베푸시며
주의 많은 긍휼을 따라 내 죄악을 지워 주소서

²나의 죄악을 말갛게 씻으시며 나의 죄를 깨끗이 제하소서

³무릇 나는 내 죄과를 아오니
내 죄가 항상 내 앞에 있나이다

⁴내가 주께만 범죄하여 주의 목전에 악을 행하였사오니
주께서 말씀하실 때에 의로우시다 하고
주께서 심판하실 때에 순전하시다 하리이다

⁵내가 죄악 중에서 출생하였음이여
어머니가 죄 중에서 나를 잉태하였나이다

⁶보소서 주께서는 중심이 진실함을 원하시오니
내게 지혜를 은밀히 가르치시리이다

⁷우슬초로 나를 정결하게 하소서 내가 정하리이다
나의 죄를 씻어 주소서 내가 눈보다 희리이다

⁸내게 즐겁고 기쁜 소리를 들려 주시사
주께서 꺾으신 뼈들도 즐거워하게 하소서

⁹주의 얼굴을 내 죄에서 돌이키시고
내 모든 죄악을 지워 주소서

¹⁰하나님이여 내 속에 정(淨)한 마음을 창조하시고
내 안에 정직한 영을 새롭게 하소서

¹¹나를 주 앞에서 쫓아내지 마시며
주의 성령을 내게서 거두지 마소서

¹²주의 구원의 즐거움을 내게 회복시켜 주시고
자원하는 심령을 주사 나를 붙드소서

¹³그리하면 내가 범죄자에게 주의 도를 가르치리니
죄인들이 주께 돌아오리이다

¹⁴하나님이여 나의 구원의 하나님이여
피 흘린 죄에서 나를 건지소서
내 혀가 주의 의를 높이 노래하리이다

¹⁵주여 내 입술을 열어 주소서
내 입이 주를 찬송하여 전파하리이다

¹⁶주께서는 제사를 기뻐하지 아니하시나니

그렇지 아니하면 내가 드렸을 것이라
주는 번제를 기뻐하지 아니하시나이다

¹⁷하나님께서 구하시는 제사는 상한 심령이라
하나님이여 상하고 통회하는 마음을
주께서 멸시하지 아니하시리이다

¹⁸주의 은택으로 시온에 선을 행하시고
예루살렘 성을 쌓으소서

¹⁹그 때에 주께서 의로운 제사와 번제와
온전한 번제를 기뻐하시리니
그 때에 그들이 수소를 주의 제단에 드리리이다

다윗의 마스길, 인도자를 따라 부르는 노래,
에돔인 도엑이 사울에게 이르러 다윗이 아히멜렉의 집에 왔다고 그에게 말하던 때에

52

¹포악한 자여 네가 어찌하여 악한 계획을
스스로 자랑하는가 하나님의 인자하심은 항상 있도다

²네 혀가 심한 악을 꾀하여
날카로운 삭도(削刀) 같이 간사를 행하는도다

³네가 선보다 악을 사랑하며
의를 말함보다 거짓을 사랑하는도다 (셀라)

⁴간사한 혀여 너는 남을 해치는 모든 말을 좋아하는도다

⁵그런즉 하나님이 영원히 너를 멸하심이여
너를 붙잡아 네 장막에서 뽑아 내며
살아 있는 땅에서 네 뿌리를 빼시리로다 (셀라)

⁶의인(義人)이 보고 두려워하며 또 그를 비웃어 말하기를

⁷이 사람은 하나님을 자기 힘으로 삼지 아니하고

오직 자기 재물의 풍부함을 의지하며
자기의 악으로 스스로 든든하게 하던 자라 하리로다

8그러나 나는 하나님의 집에 있는 푸른 감람나무 같음이여
하나님의 인자하심을 영원히 의지하리로다

9주께서 이를 행하셨으므로 내가 영원히 주께 감사하고
주의 이름이 선하시므로 주의 성도 앞에서
내가 주의 이름을 사모하리이다

다윗의 마스길, 인도자를 따라 마할랏에 맞춘 노래

53

1어리석은 자는 그의 마음에 이르기를
하나님이 없다 하도다 그들은 부패하며
가증한 악을 행함이여 선을 행하는 자가 없도다

2하나님이 하늘에서 인생을 굽어살피사

지각이 있는 자와 하나님을 찾는 자가 있는가 보려 하신즉

3 각기 물러가 함께 더러운 자가 되고
선을 행하는 자 없으니 한 사람도 없도다

4 죄악을 행하는 자들은 무지하냐
그들이 떡 먹듯이 내 백성을 먹으면서
하나님을 부르지 아니하는도다

5 그들이 두려움이 없는 곳에서 크게 두려워하였으니
너를 대항하여 진 친 그들의 뼈를 하나님이 흩으심이라

하나님이 그들을 버리셨으므로
네가 그들에게 수치를 당하게 하였도다

6 시온에서 이스라엘을 구원하여 줄 자 누구인가
하나님이 자기 백성의 포로된 것을 돌이키실 때에

야곱이 즐거워하며 이스라엘이 기뻐하리로다

다윗의 마스길, 인도자를 따라 현악에 맞춘 노래, 십 사람이 사울에게 이르러 말하기를 다윗이 우리가 있는 곳에 숨지 아니하였나이까 하던 때에

54

[1] 하나님이여 주의 이름으로 나를 구원하시고
주의 힘으로 나를 변호하소서

[2] 하나님이여 내 기도를 들으시며
내 입의 말에 귀를 기울이소서

[3] 낯선 자들이 일어나 나를 치고
포악한 자들이 나의 생명을 수색하며
하나님을 자기 앞에 두지 아니하였음이니이다 (셀라)

[4] 하나님은 나를 돕는 이시며
주께서는 내 생명을 붙들어 주시는 이시니이다

⁵주께서는 내 원수에게 악으로 갚으시리니
주의 성실하심으로 그들을 멸하소서

⁶내가 낙헌제로 주께 제사하리이다
여호와여 주의 이름에 감사하오리니
주의 이름이 선하심이니이다

⁷참으로 주께서는 모든 환난에서 나를 건지시고
내 원수가 보응 받는 것을
내 눈이 똑똑히 보게 하셨나이다

다윗의 마스길, 인도자를 따라 현악에 맞춘 노래

55 ¹하나님이여 내 기도에 귀를 기울이시고
내가 간구할 때에 숨지 마소서

²내게 굽히사 응답하소서

내가 근심으로 편하지 못하여 탄식하오니

3 이는 원수의 소리와 악인의 압제 때문이라
그들이 죄악을 내게 더하며 노하여 나를 핍박하나이다

4 내 마음이 내 속에서 심히 아파하며
사망의 위험이 내게 이르렀도다

5 두려움과 떨림이 내게 이르고 공포가 나를 덮었도다

6 나는 말하기를 만일 내게 비둘기 같이 날개가 있다면
날아가서 편히 쉬리로다

7 내가 멀리 날아가서 광야에 머무르리로다 (셀라)

8 내가 나의 피난처로 속히 가서
폭풍과 광풍을 피하리라 하였도다

9 내가 성내에서 강포와 분쟁을 보았사오니

주여 그들을 멸하소서
그들의 혀를 잘라 버리소서

¹⁰그들이 주야로 성벽 위에 두루 다니니
성 중에는 죄악과 재난이 있으며

¹¹악독이 그 중에 있고
압박과 속임수가 그 거리를 떠나지 아니하도다

¹²나를 책망하는 자는 원수가 아니라
원수일진대 내가 참았으리라

나를 대하여 자기를 높이는 자는
나를 미워하는 자가 아니라 미워하는 자일진대
내가 그를 피하여 숨었으리라

¹³그는 곧 너로다 나의 동료, 나의 친구요

나의 가까운 친우로다

14 우리가 같이 재미있게 의논하며
무리와 함께 하여 하나님의 집 안에서 다녔도다

15 사망이 갑자기 그들에게 임하여
산 채로 스올에 내려갈지어다

이는 악독이 그들의 거처에 있고
그들 가운데에 있음이로다

16 나는 하나님께 부르짖으리니
여호와께서 나를 구원하시리로다

17 저녁과 아침과 정오에 내가 근심하여 탄식하리니
여호와께서 내 소리를 들으시리로다

18 나를 대적하는 자 많더니

나를 치는 전쟁에서 그가 내 생명을 구원하사
평안하게 하셨도다

¹⁹옛부터 계시는 하나님이 들으시고
그들을 낮추시리이다 (셀라)

그들은 변하지 아니하며
하나님을 경외하지 아니함이니이다

²⁰그는 손을 들어 자기와 화목한 자를 치고
그의 언약을 배반하였도다

²¹그의 입은 우유 기름보다 미끄러우나 그의 마음은 전쟁이요
그의 말은 기름보다 유하나 실상(實狀)은 뽑힌 칼이로다

²²네 짐을 여호와께 맡기라 그가 너를 붙드시고
의인의 요동함을 영원히 허락하지 아니하시리로다

²³하나님이여 주께서 그들로
파멸의 웅덩이에 빠지게 하시리이다

피를 흘리게 하며 속이는 자들은
그들의 날의 반도 살지 못할 것이나
나는 주를 의지하리이다

다윗의 믹담 시, 인도자를 따라 요낫 엘렘 르호김에 맞춘 노래,
다윗이 가드에서 블레셋인에게 잡힌 때에

56

¹하나님이여 내게 은혜를 베푸소서
사람이 나를 삼키려고 종일 치며 압제하나이다

²내 원수가 종일 나를 삼키려 하며
나를 교만하게 치는 자들이 많사오니

³내가 두려워하는 날에는 내가 주를 의지하리이다

⁴내가 하나님을 의지하고 그 말씀을 찬송하올지라
내가 하나님을 의지하였은즉 두려워하지 아니하리니
혈육(血肉)을 가진 사람이 내게 어찌하리이까

⁵그들이 종일 내 말을 곡해하며
나를 치는 그들의 모든 생각은 사악이라

⁶그들이 내 생명을 엿보았던 것과 같이
또 모여 숨어 내 발자취를 지켜보나이다

⁷그들이 악을 행하고야 안전하오리이까
하나님이여 분노하사 뭇 백성을 낮추소서

⁸나의 유리함을 주께서 계수하셨사오니
나의 눈물을 주의 병에 담으소서
이것이 주의 책에 기록되지 아니하였나이까

⁹내가 아뢰는 날에 내 원수들이 물러가리니
이것으로 하나님이 내 편이심을 내가 아나이다

¹⁰내가 하나님을 의지하여 그의 말씀을 찬송하며
여호와를 의지하여 그의 말씀을 찬송하리이다

¹¹내가 하나님을 의지하였은즉 두려워하지 아니하리니
사람이 내게 어찌하리이까

¹²하나님이여 내가 주께 서원함이 있사온즉
내가 감사제를 주께 드리리니

¹³주께서 내 생명을 사망에서 건지셨음이라
주께서 나로 하나님 앞, 생명의 빛에 다니게 하시려고
실족하지 아니하게 하지 아니하셨나이까

다윗의 믹담 시, 인도자를 따라 알다스헷에 맞춘 노래,
다윗이 사울을 피하여 굴에 있던 때에

57
[1]하나님이여 내게 은혜를 베푸소서
내게 은혜를 베푸소서

내 영혼이 주께로 피하되 주의 날개 그늘 아래에서
이 재앙들이 지나기까지 피하리이다

[2]내가 지존하신 하나님께 부르짖음이여
곧 나를 위하여 모든 것을 이루시는 하나님께로다

[3]그가 하늘에서 보내사 나를 삼키려는 자의 비방에서
나를 구원하실지라 (셀라)
하나님이 그의 인자와 진리를 보내시리로다

[4]내 영혼이 사자들 가운데에서 살며
내가 불사르는 자들 중에 누웠으니
곧 사람의 아들들 중에라

그들의 이는 창과 화살이요
그들의 혀는 날카로운 칼 같도다

5하나님이여 주는 하늘 위에 높이 들리시며
주의 영광이 온 세계 위에 높아지기를 원하나이다

6그들이 내 걸음을 막으려고 그물을 준비하였으니
내 영혼이 억울하도다

그들이 내 앞에 웅덩이를 팠으나
자기들이 그 중에 빠졌도다 (셀라)

7하나님이여 내 마음이 확정되었고 내 마음이 확정되었사오니
내가 노래하고 내가 찬송하리이다

8내 영광아 깰지어다 비파야, 수금아, 깰지어다
내가 새벽을 깨우리로다

⁹주여 내가 만민 중에서 주께 감사하오며
뭇 나라 중에서 주를 찬송하리이다

¹⁰무릇 주의 인자는 커서 하늘에 미치고
주의 진리는 궁창에 이르나이다

¹¹하나님이여 주는 하늘 위에 높이 들리시며
주의 영광이 온 세계 위에 높아지기를 원하나이다

다윗의 믹담 시, 인도자를 따라 알다스헷에 맞춘 노래

58
¹통치자들아 너희가 정의를 말해야 하거늘
어찌 잠잠하냐

인자들아 너희가 올바르게 판결해야 하거늘
어찌 잠잠하냐

²아직도 너희가 중심에 악을 행하며

땅에서 너희 손으로 폭력을 달아 주는도다

3 악인은 모태에서부터 멀어졌음이여
나면서부터 곁길로 나아가 거짓을 말하는도다

4 그들의 독은 뱀의 독 같으며
그들은 귀를 막은 귀머거리 독사 같으니

5 술사의 홀리는 소리도 듣지 않고
능숙한 술객의 요술도 따르지 아니하는 독사로다

6 하나님이여 그들의 입에서 이를 꺾으소서
여호와여 젊은 사자(獅子)의 어금니를 꺾어 내시며

7 그들이 급히 흐르는 물 같이 사라지게 하시며
겨누는 화살이 꺾임 같게 하시며

8 소멸하여 가는 달팽이 같게 하시며

만삭 되지 못하여 출생한 아이가
햇빛을 보지 못함 같게 하소서

9가시나무 불이 가마를 뜨겁게 하기 전에
생(生)나무든지 불 붙는 나무든지
강한 바람으로 휩쓸려가게 하소서

10의인이 악인의 보복 당함을 보고 기뻐함이여
그의 발을 악인의 피에 씻으리로다

11그 때에 사람의 말이 진실로 의인에게 갚음이 있고
진실로 땅에서 심판하시는 하나님이 계시다 하리로다

다윗의 믹담 시, 인도자를 따라 알다스헷에 맞춘 노래,
사울이 사람을 보내어 다윗을 죽이려고 그 집을 지킨 때에

59 1나의 하나님이여 나의 원수에게서 나를 건지시고
일어나 치려는 자에게서 나를 높이 드소서

2악을 행하는 자에게서 나를 건지시고
피 흘리기를 즐기는 자에게서 나를 구원하소서

3그들이 나의 생명을 해하려고 엎드려 기다리고
강한 자들이 모여 나를 치려 하오니

여호와여 이는 나의 잘못으로 말미암음이 아니요
나의 죄로 말미암음도 아니로소이다

4내가 허물이 없으나 그들이 달려와서 스스로 준비하오니
주여 나를 도우시기 위하여 깨어 살펴 주소서

5주님은 만군의 하나님 여호와, 이스라엘의 하나님이시오니
일어나 모든 나라들을 벌하소서
악을 행하는 모든 자들에게 은혜를 베풀지 마소서 (셀라)

6그들이 저물어 돌아와서 개처럼 울며 성으로 두루 다니고

7 그들의 입으로는 악을 토(吐)하며
그들의 입술에는 칼이 있어 이르기를
누가 들으리요 하나이다

8 여호와여 주께서 그들을 비웃으시며
모든 나라들을 조롱하시리이다

9 하나님은 나의 요새이시니
그의 힘으로 말미암아 내가 주를 바라리이다

10 나의 하나님이 그의 인자하심으로 나를 영접하시며
하나님이 나의 원수가 보응 받는 것을 내가 보게 하시리이다

11 그들을 죽이지 마옵소서 나의 백성이 잊을까 하나이다
우리 방패 되신 주여
주의 능력으로 그들을 흩으시고 낮추소서

12 그들의 입술의 말은 곧 그들의 입의 죄라
그들이 말하는 저주와 거짓말로 말미암아
그들이 그 교만한 중에서 사로잡히게 하소서

13 진노하심으로 소멸하시되 없어지기까지 소멸하사
하나님이 야곱 중에서 다스리심을 땅 끝까지 알게 하소서
(셀라)

14 그들에게 저물어 돌아와서
개처럼 울며 성으로 두루 다니게 하소서

15 그들은 먹을 것을 찾아 유리하다가
배부름을 얻지 못하면 밤을 새우려니와

16 나는 주의 힘을 노래하며
아침에 주의 인자하심을 높이 부르오리니

주는 나의 요새이시며 나의 환난 날에 피난처심이니이다

17 나의 힘이시여 내가 주께 찬송하오리니
하나님은 나의 요새이시며
나를 긍휼히 여기시는 하나님이심이니이다

다윗이 교훈하기 위하여 지은 믹담, 인도자를 따라 수산에둣에 맞춘 노래,
다윗이 아람 나하라임과 아람소바와 싸우는 중에 요압이 돌아와
에돔을 소금 골짜기에서 쳐서 만 이천 명을 죽인 때에

60 1 하나님이여 주께서 우리를 버려 흩으셨고
분노하셨사오나 지금은 우리를 회복시키소서

2 주께서 땅을 진동시키사 갈라지게 하셨사오니
그 틈을 기우소서 땅이 흔들림이니이다

3 주께서 주의 백성에게 어려움을 보이시고
비틀거리게 하는 포도주를 우리에게 마시게 하셨나이다

4 주를 경외(敬畏)하는 자에게 깃발을 주시고
진리를 위하여 달게 하셨나이다 (셀라)

5 주께서 사랑하시는 자를 건지시기 위하여
주의 오른손으로 구원하시고 응답하소서

6 하나님이 그의 거룩하심으로 말씀하시되 내가 뛰놀리라
내가 세겜을 나누며 숙곳 골짜기를 측량하리라

7 길르앗이 내 것이요 므낫세도 내 것이며
에브라임은 내 머리의 투구요 유다는 나의 규이며

8 모압은 나의 목욕통이라 에돔에는 나의 신발을 던지리라
블레셋아 나로 말미암아 외치라 하셨도다

9 누가 나를 이끌어 견고한 성에 들이며
누가 나를 에돔에 인도할까

¹⁰하나님이여 주께서 우리를 버리지 아니하셨나이까
하나님이여 주께서 우리 군대와 함께 나아가지
아니하시나이다

¹¹우리를 도와 대적을 치게 하소서
사람의 구원은 헛됨이니이다

¹²우리가 하나님을 의지하고 용감하게 행하리니
그는 우리의 대적을 밟으실 이심이로다

다윗의 시, 인도자를 따라 현악에 맞춘 노래

61
¹하나님이여 나의 부르짖음을 들으시며
내 기도에 유의하소서

²내 마음이 약해 질 때에
땅 끝에서부터 주께 부르짖으오리니

나보다 높은 바위에 나를 인도하소서

³주는 나의 피난처시요
원수를 피하는 견고한 망대이심이니이다

⁴내가 영원히 주의 장막에 머물며
내가 주의 날개 아래로 피하리이다 (셀라)

⁵주 하나님이여 주께서 나의 서원을 들으시고
주의 이름을 경외하는 자가 얻을 기업을 내게 주셨나이다

⁶주께서 왕(王)에게 장수하게 하사
그의 나이가 여러 대에 미치게 하시리이다

⁷그가 영원히 하나님 앞에서 거주하리니
인자와 진리를 예비하사 그를 보호하소서

⁸그리하시면 내가 주의 이름을 영원히 찬양하며

매일 나의 서원을 이행하리이다

다윗의 시, 인도자를 따라 여두둔의 법칙에 따라 부르는 노래

62

¹나의 영혼이 잠잠히 하나님만 바람이여
나의 구원이 그에게서 나오는도다

²오직 그만이 나의 반석이시요 나의 구원이시요
나의 요새이시니 내가 크게 흔들리지 아니하리로다

³넘어지는 담과 흔들리는 울타리 같이 사람을 죽이려고
너희가 일제히 공격하기를 언제까지 하려느냐

⁴그들이 그를 그의 높은 자리에서
떨어뜨리기만 꾀하고 거짓을 즐겨 하니
입으로는 축복(祝福)이요 속으로는 저주로다 (셀라)

⁵나의 영혼아 잠잠히 하나님만 바라라

무릇 나의 소망(所望)이 그로부터 나오는도다

6 오직 그만이 나의 반석이시요 나의 구원이시요
나의 요새이시니 내가 흔들리지 아니하리로다

7 나의 구원과 영광이 하나님께 있음이여
내 힘의 반석과 피난처도 하나님께 있도다

8 백성들아 시시로 그를 의지하고 그의 앞에 마음을 토하라
하나님은 우리의 피난처시로다 (셀라)

9 아, 슬프도다 사람은 입김이며 인생도 속임수이니
저울에 달면 그들은 입김보다 가벼우리로다

10 포악을 의지하지 말며 탈취한 것으로 허망하여지지 말며
재물이 늘어도 거기에 마음을 두지 말지어다

11 하나님이 한두 번 하신 말씀을 내가 들었나니

권능은 하나님께 속하였다 하셨도다

12 주여 인자함은 주께 속하오니
주께서 각 사람이 행한 대로 갚으심이니이다

다윗의 시, 유다 광야에 있을 때에

63

1 하나님이여 주는 나의 하나님이시라
내가 간절히 주를 찾되 물이 없어

마르고 황폐한 땅에서 내 영혼이 주를 갈망하며
내 육체가 주를 앙모하나이다

2 내가 주의 권능과 영광을 보기 위하여
이와 같이 성소에서 주를 바라보았나이다

3 주의 인자하심이 생명보다 나으므로
내 입술이 주를 찬양할 것이라

⁴이러므로 나의 평생에 주를 송축(頌祝)하며
주의 이름으로 말미암아 나의 손을 들리이다

⁵골수와 기름진 것을 먹음과 같이
나의 영혼이 만족할 것이라
나의 입이 기쁜 입술로 주를 찬송하되

⁶내가 나의 침상에서 주를 기억하며
새벽에 주의 말씀을 작은 소리로 읊조릴 때에 하오리니

⁷주는 나의 도움이 되셨음이라
내가 주의 날개 그늘에서 즐겁게 부르리이다

⁸나의 영혼이 주를 가까이 따르니
주의 오른손이 나를 붙드시거니와

⁹나의 영혼을 찾아 멸하려 하는 그들은

땅 깊은 곳에 들어가며

¹⁰칼의 세력에 넘겨져 승냥이의 먹이가 되리이다

¹¹왕은 하나님을 즐거워하리니
주께 맹세한 자마다 자랑할 것이나
거짓말하는 자의 입은 막히리로다

다윗의 시, 인도자를 따라 부르는 노래

64

¹하나님이여 내가 근심하는 소리를 들으시고
원수의 두려움에서 나의 생명을 보존하소서

²주는 악을 꾀하는 자들의 음모에서 나를 숨겨 주시고
악을 행하는 자들의 소동에서 나를 감추어 주소서

³그들이 칼 같이 자기 혀를 연마하며
화살 같이 독한 말로 겨누고

⁴숨은 곳에서 온전한 자를 쏘며
갑자기 쏘고 두려워하지 아니하는도다

⁵그들은 악한 목적으로 서로 격려하며
남몰래 올무 놓기를 함께 의논하고
하는 말이 누가 우리를 보리요 하며

⁶그들은 죄악을 꾸미며 이르기를
우리가 묘책을 찾았다 하나니
각 사람의 속 뜻과 마음이 깊도다

⁷그러나 하나님이 그들을 쏘시리니
그들이 갑자기 화살에 상(傷)하리로다

⁸이러므로 그들이 엎드러지리니 그들의 혀가 그들을 해함이라
그들을 보는 자가 다 머리를 흔들리로다

⁹모든 사람이 두려워하여 하나님의 일을 선포하며
그의 행하심을 깊이 생각하리로다

¹⁰의인은 여호와로 말미암아 즐거워하며 그에게 피하리니
마음이 정직한 자는 다 자랑하리로다

God bless you~

쉼休

召休

개역개정 · 구약성경쓰기

시 편 상

초판 1쇄 발행 ㅣ 2017년 6월 11일
초판 2쇄 발행 ㅣ 2020년 3월 16일

엮은이 ㅣ 김영기
디자인 ㅣ 신경애
펴낸곳 ㅣ 도서출판 레마북스
출판등록 ㅣ 2015년 4월 28일(제568-2015-000002호)
주소 ㅣ 충남 당진시 송산면 유곡로 20
전화 ㅣ 010.5456.9277(출판사) 010.5424.7706(엮은이)
전자우편 ㅣ starlove73@naver.com
총판 ㅣ 하늘유통(031.947.7777)

값 12,000원
ISBN 979-11-87588-01-6 04230
ISBN 979-11-87588-04-7 04230(세트)

○ 이 책에 사용된 글꼴은
   세종대왕기념사업회에서 개발한 문화바탕체입니다.

이 도서의 국립중앙도서관 출판예정도서목록(CIP)은 서지정보유통지원시스템 홈페이지(http://seoji.nl.go.kr)와 국가자료공동목록시스템(http://www.nl.go.kr/kolisnet)에서 이용하실 수 있습니다.(CIP제어번호: CIP2017013767)